普通高等教育“十三五”规划教材

化学教学论实验

（第2版）

吴晓红　主编

北　京
冶 金 工 业 出 版 社
2025

内 容 提 要

本书是在新一轮基础教育课程改革背景下，结合高等院校化学教育专业对学生的基本要求而编写的教材。本书延续了第 1 版教材的基本风格，并对部分内容进行适当调整和更新，以实现教材内容的优化和升级。全书共分走进化学实验室、中学化学基础实验、中学化学生活化实验和中学化学综合实验 4 章。共选入 25 个实验示例，涵盖了初、高中化学新课程中主要实验内容。

本书适用于高等师范院校及综合院校化学教师教育专业及学科教学（化学）学生使用，也可作为从事化学教学实验改进和研究的中学化学教师参考用书。

图书在版编目(CIP)数据

化学教学论实验/吴晓红主编．—2 版．—北京：冶金工业出版社，2018.9（2025.1 重印）

普通高等教育“十三五”规划教材

ISBN 978-7-5024-7863-6

Ⅰ.①化… Ⅱ.①吴… Ⅲ.①中学化学课—化学实验—教学研究—高等学校—教材 Ⅳ.①G633.82

中国版本图书馆 CIP 数据核字（2018）第 186902 号

化学教学论实验（第 2 版）

出版发行 冶金工业出版社　　**电　话**（010)64027926

地　址 北京市东城区嵩祝院北巷 39 号　　**邮　编** 100009

网　址 www.mip1953.com　　**电子信箱** service@mip1953.com

责任编辑 卢 敏　美术编辑 彭子赫　版式设计 孙跃红

责任校对 李 娜　责任印制 范天娇

北京虎彩文化传播有限公司印刷

2013 年 9 月第 1 版，2018 年 9 月第 2 版，2025 年 1 月第 5 次印刷

787mm×1092mm 1/16；8.75 印张；210 千字；129 页

定价 32.00 元

投稿电话　**(010)64027932**　**投稿信箱**　**tougao@cnmip.com.cn**

营销中心电话　**(010)64044283**

冶金工业出版社天猫旗舰店　**yjgycbs.tmall.com**

（本书如有印装质量问题，本社营销中心负责退换）

《化学教学论实验》
编写人员名单

主　　编　吴晓红

编写人员（按章节编写顺序）

吴晓红　毕吉利　郭建欣　陈　伟

第2版前言

《化学教学论实验》（第 1 版）自 2013 年出版以来，广大读者给予积极认可和肯定评价。以此为契机，为了适应新一轮基础教育课程改革（以下简称“新课改”）要求，反映化学教学论实验研究最新成果，提升化学师范生实验教学水平和科学文化素养，编者在第 1 版基础上进行修订再版。

本次修订以“新课改”为导向，秉承以人为本，回归化学文化本质的教育理念，关注实验操作的科学性和规范性，实验设计的基础性和综合性，实验探究的过程性和开放性，实验评价的动态性和生成性。同时，本书以人的认知发展规律为主要依据和逻辑理路，在实验内容选择上立足教材、回归生活，在实验设计开发上突出主体、致力创新，在实验内容组织上由浅入深、循序渐进。力争实现以“基础”为进路，“创新”为出路的实验内容“升级”，实验设计“优化”，实验组织“革新”，构建以培养学生科学文化素养为价值旨归的中学化学实验的完整体系。

本次修订在第 1 版教材基础上，在实验目标设置、内容选择、结构布局等方面均有所调整，具体表现于：其一，实验目标更加明确。本次修订紧密围绕“新课改”为中心展开，更加关注学生科学素养的达成和创新意识的培养，切实将“以人文本”的教育理念贯穿于实验设计、实施、评价等各个环节，建立以人的发展为导向的课程目标价值体系；其二，实验内容更加丰富。以“新课改”为参照，本次修订在原有实验项目基础上增加“原电池实验”“铁及其化合物的性质”“化学沉淀法去除溶液中的杂质离子”“乙酸乙酯的制备及性质”“化学反应速率测定及影响因素”等 5 个基础实验；“食用纯碱的制备及性质检验”“常见食品中碘元素的提取与检测”“葡萄酒中 SO_2 含量的测定及性质检验”“葡萄糖酸钙的制备及含量测定”等 4 个生活化实验；“钠及其重要化合物的性质探究”“铁及其重要化合物的性质探究”“氮及其重要化合物的性质探究”“不同价态含硫化合物的转化”“乙酸、乙醇的性质”及“氯水的性质及成分探究”等 6 个综合性实验；同时删除了“手持技术实验”和“电子白板在化学实验教学中的应用”等实验项目，从而使内容更加聚焦，主线更加明显；其三，实验模块更加多元。本次修订在强调基础实验科学性和完整性前提下，设计和开发基于日常生活和高考重点的化学探究实验及综合实验，构建“基础—生活—综合”三位一体的实验内容体系，以期实现基础教育阶段化学实验的系统化和规整化。

《化学教学论实验》（第2版）适用于高等师范院校及综合院校化学（师范）专业（本科）及化学教学论（研究生）使用。也可作为从事化学教学实验改进和研究的中学化学教师参考用书。

本书是“宁夏普通高校教学名师吴晓红工作室”、宁夏大学“化学工程与技术‘一流学科’建设项目”、宁夏大学“化学教育‘一流专业’建设项目”、“化学国家级实验教育示范中心（宁夏大学）”的阶段性成果。本书的出版得到宁夏大学“化学工程与技术‘一流学科’建设项目”的资助，在此表示感谢。

本书由吴晓红主编，在修订过程中参考了兄弟院校的有关教材和专著，以及国内外相关文献资料，在此表示诚挚的谢意。同时，对第1版付出辛勤工作的相关人员及宁夏大学化学化工学院的买玲、马雪、王晶、官丽敏、撒安娜、禹晓琴、陈倩等同学在实验过程中所做的工作一并表示感谢。

由于编者学识水平有限，书中难免有错误和不妥之处，恳请广大读者批评指正。

编　者

2018年6月于银川

第1版前言

“化学教学论实验”是高等师范院校及综合院校化学系开设的一门基础必修课。此课程以中学教学系统中的化学实验为载体，融教育学、心理学和化学基础知识为一体，研究化学实验教学的规律及应用。本课程致力于高等师范院校化学师范生实验教学能力的提高，秉承“指导学生、服务课程”的宗旨，强调内容设置的合理性，为学生日后能将所学的化学基础知识和基本技能运用在教学实践中提供了保障。

本教材的编写以笔者多年的教学实践经验为基础，同时兼顾了满足今后教学改革的需要。本教材从实验目标、内容、设计及手段四个方面体现了如下特点：

其一，教学目标明确。本书以提高学生从师技能为着眼点，力求知识与技能并重，创新与研究共存，注重学生在操作过程中的规范性及准确性。其二，实验内容丰富。本书紧紧围绕中学化学教材设计实验，主要包括中学化学典型实验、基本操作、研究性学习、微型实验、信息技术应用等。其三，内容设计新颖。本书在传统实验教材的基础上丰富了内容模块，如增加了教学评价细则，拓展了实验基础知识，引进了现代教学方法，兼顾了创新实验设计。其四，实验手段多样。将手持技术及现代教育媒介引入实验教学，更加体现了实验的精确化、微型化、绿色化及科学化等特点。

本教材共设走进化学实验室、中学化学基础实验、手持技术基础实验、手持技术探究实验、电子白板在化学实验教学中的应用五章，共选入36个实验示例，涵盖了初、高中化学新课程中主要实验内容。其中，走进化学实验室主要介绍了实验室安全、实验操作规范及仪器的基本使用方法等；中学化学基础实验紧扣教材内容，主要包括基础实验和基本操作；手持技术实验分为两部分，基础实验以基础知识为背景，探究实验以生活中的实际案例为研究内容；现代教育技术的应用为本书亮点之一，囊括了电子白板的使用方法、仿真实验在教学中的应用及远程教育的优势。本书从基本实验规范、演示实验教学、探究实验实施、信息技术运用等方面形成训练体系，关注师范生科学素养的提高，符合基础课程改革对师范生培养的要求。

本教材是“宁夏回族自治区高等学校教育教学改革项目——化学教育特色专业”阶段性成果。

在教材编写过程中，作者参考了兄弟院校的有关教材和专著，以及国内外相关资料和文献，在此表示诚挚的谢意。同时，宁夏大学化学化工学院杨天林老师对教材的编写给予了帮助和支持，本科生马然松、周雅菲、李红梅、杨琼、陈有鑫等参加了部分工作，一并表示感谢。

由于时间和水平有限，书中不足之处在所难免，敬请广大师生给予批评指正。

编　者

2013年7月于银川

目　录

第一章　走进化学实验室

实验室是实验教学的重要场所，实验室的安全管理是实验工作正常进行的基础保障，凡进入实验室工作和学习的人员，必须了解实验操作安全知识，遵守操作规程，以免事故发生。

第一节　实验室安全知识

一、化学实验室安全守则

（1）进入实验室前应对本次实验进行认真预习，了解实验操作中的安全注意事项。

（2）实验前要对照实验内容，清点实验器材，并了解所使用仪器的使用方法。

（3）实验过程中，严禁乱碰、乱摸实验室内及实验台上的各接线端头，防止触及电源造成触电事故。

（4）进行危险实验时，使用防护眼罩、面罩、手套等防护工具。

（5）不要俯向容器去嗅放出的气味，应保持一定距离慢慢地用手把离开容器的气流扇向自己。

（6）稀释浓酸（特别是浓硫酸）时，应将酸注入水中并不断搅拌。

（7）倾注试剂或加热液体时，不要俯视容器，以防溅出。试管加热时，切记不要使试管口对准自己或他人。

（8）严禁在化学实验室内饮食或把食物带进实验室，实验后必须仔细将手洗净。

（9）离开化学实验室之前，应检查水、电、门、窗是否关闭，易燃和具有腐蚀性的药品与有毒物品是否安全保管。

（10）进出实验室须经指导教师或实验室工作人员同意。

二、实验安全操作的注意事项

（1）防倒吸：用试管加热固体时，试管口略向下倾斜，如用 $KMnO_4$ 加热法制取并用排水法收集氧气时容易发生倒吸，要注意操作顺序。

（2）防爆炸：点燃可燃性气体或用 CO、H_2 还原 Fe_2O_3、CuO 之前，要检验气体纯度。

（3）防暴沸：加热液体或蒸馏时常在加热的装置中加入沸石或碎瓷片，防止液体暴沸。

（4）防失火：实验室中的可燃物质一定要远离火源，以免发生火灾。

（5）防腐蚀：强酸、强碱对皮肤有强烈的腐蚀作用，如果皮肤上沾有强酸、强碱要用大量水冲洗，再涂抹 3%~5%$NaHCO_3$ 溶液或硼酸溶液。

（6）防中毒：在制取或使用有毒气体时，应在通风橱中进行，注意尾气处理。如硫粉在氧气中燃烧实验，需要对尾气进行处理。

（7）防炸裂：普通玻璃制品受热不均匀易发生炸裂。因此，试管加热时先要预热，进行固体在气体中燃烧实验时要在集气瓶底预留少量水或细沙，注意防止倒吸。

（8）防堵塞：加热高锰酸钾制氧气时，在试管口放一团棉花，防止粉末进入导气管。

（9）防污染：已取出的未用完的试剂不能放回原瓶（Na、K 除外）；用胶头滴管滴加液体时，不伸入试剂瓶内，不接触试管壁；取用试剂时试剂瓶盖倒放于桌面上；药匙和胶头滴管尽可能专用（或洗净、擦干后再取其他药品）。

三、化学实验基本操作中的“不”10 例

（1）不能用手接触药品，不能用鼻子凑到容器口闻气味，更不能尝药品的味道。

（2）实验结束，剩余的药品不得随意抛弃，一般也不要放回原试剂瓶。

（3）在烧瓶口塞橡皮塞时，切不可把烧瓶放在实验台上用力按压，以免压破烧瓶。

（4）称量药品时，不能把称量物直接放在托盘上；也不能把称量物放在右盘上；加砝码时不要用手去拿。

（5）用滴管添加液体时，不要把滴管伸入容器或接触容器内壁。

（6）向酒精灯里添加酒精时，不得超过酒精灯容积的 2/3，也不得少于容积的 1/3。

（7）不得用燃着的酒精灯去对点另一只酒精灯，熄灭时不得用嘴去吹。

（8）给试管加热时，不要把拇指按在试管夹短柄上；切不可使试管口对着自己或他人；液体的体积一般不要超过试管容积的 1/3。

（9）用坩埚或蒸发皿加热完后，不要直接用手去取，应用坩埚钳夹取。

（10）过滤液体时，漏斗内液体的液面不要高于滤纸边缘，以免杂质进入滤液。

四、化学实验基本操作

（一）药品的取用

1. 固体药品的取用

取用固体药品一般用药匙。药匙的两端分别为大、小匙，取药品量较多时用大匙，较少时用小匙。有些块状的药品（如石灰石等）可用镊子夹取。用过的药匙或镊子要立刻用干净的纸擦拭干净，以备下次使用。往试管里装入固体粉末时，为避免药品沾在管口和管壁上，先使试管倾斜，把盛有药品的药匙（或用小纸条折叠成的纸槽）小心地送入试管底部，然后使试管直立起来，让药品全部落到底部。把块状的药品或密度较大的金属颗粒放入玻璃容器时，应该先把容器横放，把药品或金属颗粒放入容器口以后，再把容器慢慢地竖立起来，使药品或金属颗粒缓缓地滑到容器的底部，以免打破容器。

2. 液体药品的取用

液体药品通常盛在细口瓶里。取用细口瓶里的药液时，先拿下瓶塞，倒放在实验桌上。试剂瓶口要紧挨试管口，使液体缓缓地倒入试管。注意防止残留在瓶口的液体流下腐蚀标签。倒完液体，立即盖紧瓶塞，把瓶子放回原处。滴管是用来吸取和滴加少量试剂的一种仪器。使用滴管时要注意：取液后的滴管，应保持橡胶头在上，不要平放或倒置，防止溶液倒流腐蚀橡胶头；用过的滴管需立即用清水冲洗干净，以备再用。严禁用未经清洗

的滴管再吸取其他试剂。

（二）连接仪器装置

1. 把玻璃管插入带孔橡皮塞

左手拿橡皮塞，右手拿玻璃管（靠近要插入塞子的一端）。先把要插入塞子的玻璃管一端用水润湿，然后稍稍用力转动（小心！不要使玻璃管折断，以免刺破手掌），使其插入。

2. 连接玻璃管和胶皮管

左手拿胶皮管，右手拿玻璃管，先把玻璃管口用水润湿，稍稍用力即可把玻璃管插入胶皮管。

3. 在容器口塞橡皮塞

左手拿容器，右手拿橡皮塞慢慢转动，塞进容器口。切不可把容器放在实验桌上再使劲塞进塞子，以免压破容器。

（三）检查装置的气密性

把导管的一端浸在水里，两手紧贴容器的外壁。如果装置不漏气，里面的空气受热膨胀，导管口有气泡冒出，松开手后，导管中会产生一段水柱。如果装置漏气，须找出原因，进行调整、修理或更换，然后才能进行实验。

（四）加热

1. 酒精灯的使用方法

在化学实验中，酒精灯是最常用的加热工具。在使用酒精灯时，应注意：禁止向燃着的酒精灯里添加酒精，以免失火；使用完毕，需用灯帽盖灭，不可用嘴去吹。

2. 给物质加热

酒精灯的灯焰分为焰心、内焰、外焰三个部分，应用外焰进行加热。用酒精灯加热物质时应注意：对液体加热可以用试管、烧瓶、烧杯、蒸发皿，对固体加热可以用干燥的试管、蒸发皿等，集气瓶、量筒、漏斗等不允许加热；如果被加热的玻璃容器外壁有水珠，应在加热前擦拭干净，然后加热，以免容器炸裂；给试管里的固体加热，应该先进行预热（预热的方法是：在火焰上方来回移动试管；对已固定的试管，可移动酒精灯，待试管均匀受热后，再用外焰集中加热）；给试管里的液体加热，也要先进行预热，同时注意液体体积不能超过试管容积的1/3。

五、化学实验操作中的基本原则

（1）“自下而上”原则。以 Cl_2 实验室制法为例，安装发生装置顺序是：放好铁架台→摆好酒精灯→根据酒精灯位置固定好铁圈→石棉网→固定好圆底烧瓶。

（2）“从左到右”原则。安装复杂装置应遵循从左到右顺序。

（3）先“塞”后“定”原则。带导管的塞子在烧瓶固定前塞好，以免烧瓶固定后因不宜用力而塞不紧或因用力过猛而损坏仪器。

（4）“固体先放”原则。固体试剂应在容器固定前加入，以免固体放入时损坏容器。

（5）“液体后加”原则。液体药品在容器固定后加入。

（6）“先验后点”原则。装入药品前先检验装置的气密性，然后放入药品，再点燃酒精灯；气体点燃前先验纯。

第二节 常用化学仪器及使用方法

一、加热仪器

（一）能直接加热的仪器

能直接加热的仪器的用途、使用方法和注意事项见表 1-1。

表 1-1 能直接加热的仪器的用途、使用方法和注意事项

仪器图形与名称	主要用途	使用方法和注意事项
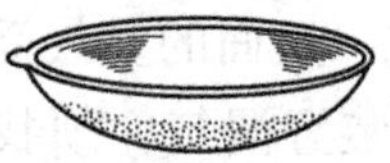 蒸发皿	用于蒸发溶剂、浓缩溶液	可直接加热，但不能骤冷。蒸发溶液时不能超过 2/3
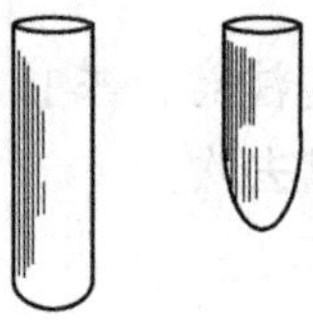 试管	常用作反应器，溶解少量试剂	加热液体时要用试管夹，不能超过容积的 1/3，与桌面成 45°。加热固体时，管口略向下倾斜，固体平铺在试管底部
 坩埚 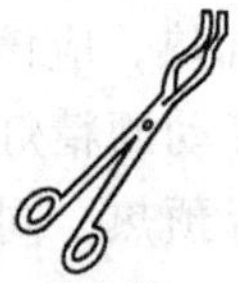 坩埚钳	坩埚用于灼烧固体，使其反应。坩埚钳用来夹持坩埚，也可夹持蒸发皿	可直接加热至高温。灼烧时应放于泥三角上，用坩埚钳夹取，避免骤冷
 燃烧匙	燃烧少量固体物质	可直接用于加热，遇能与 Cu、Fe 反应的物质时要在匙内铺细沙或垫石棉绒

（二）能间接加热（需垫石棉网）的仪器

能间接加热的仪器的用途、使用方法和注意事项见表 1-2。

表 1-2　能间接加热的仪器的用途、使用方法和注意事项

仪器图形与名称	主要用途	使用方法和注意事项
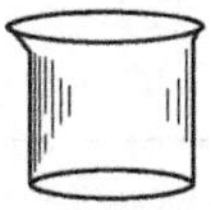 烧杯	用作配制、浓缩、稀释、盛装、加热溶液。也可作较多试剂的反应容器	加热时垫石棉网，加热液体时液体量不超过容积的 1/2，反应时液体不超过 2/3，溶解时要用玻璃棒轻轻搅拌
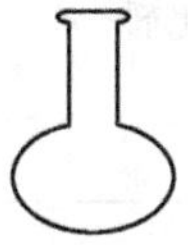 圆底烧瓶	用作在加热条件下溶液的反应容器	不能直接加热，应垫石棉网加热。所装液体的量不应超过其容积的 1/2
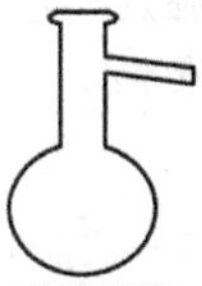 蒸馏烧瓶	用于液体混合物的蒸馏与分馏，也可作气体发生器	加热要垫石棉网，要加碎瓷片防止暴沸，分馏时温度计水银球宜在支管口处
 锥形瓶	滴定中作反应器，也可收集液体，组装洗气瓶	一般放在石棉网上加热。在滴定操作中需要振荡

（三）不能加热的仪器

表 1-3 列出了不能加热的仪器的用途、使用方法和注意事项。

表 1-3　不能加热的仪器的用途、使用方法和注意事项

仪器图形与名称	主要用途	使用方法和注意事项
 表面皿	可用作蒸发皿或烧杯的盖子，可观察到里面的情况，防止液体迸溅	不能加热，防止炸裂

续表 1-3

仪器图形与名称	主要用途	使用方法和注意事项
 集气瓶	收集贮存少量气体，装配洗气瓶，气体反应器、固体在气体中燃烧的容器	不能加热，瓶口磨砂（与广口瓶瓶颈磨砂相区别），用磨砂玻璃片封口
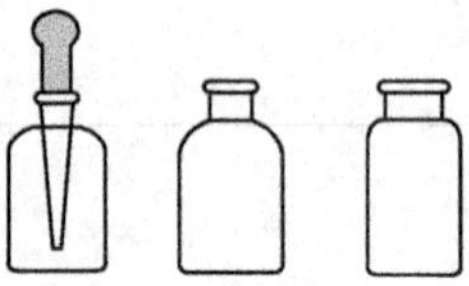 滴瓶 细口瓶 广口瓶	分装各种试剂，需要避光保存时用棕色瓶。广口瓶盛放固体，细口瓶盛放液体。滴瓶盛放少量液体试剂	瓶口内侧磨砂，且与瓶塞对应，切不可盖错。带玻璃塞的试剂瓶不可盛放强碱，滴瓶内不可久置强氧化剂
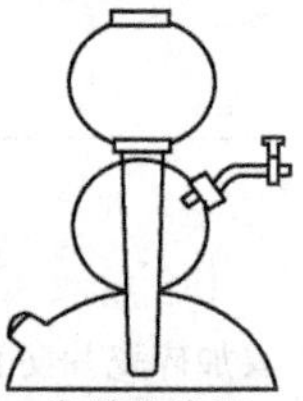 启普发生器	不溶性块状固体和液体反应制取气体	块状固体与液体反应，气体不易溶于水，反应不需要加热，无强热产生。旋转导气管活塞控制反应进行或停止

二、计量仪器

常用计量仪器见表 1-4。

表 1-4 常用计量仪器

仪器图形与名称	主要用途	使用方法和注意事项
 量筒	用于量取一定体积的液体	不可加热，不可用作实验容器（如溶解、稀释），不可量取热溶液或液体。读数时视线与凹液面最低处相切
 容量瓶	用于准确配制一定物质的量浓度的溶液	不作反应器，不可加热，瓶塞不可互换，不宜存放溶液，要在标记的温度下使用

续表 1-4

仪器图形与名称	主要用途	使用方法和注意事项
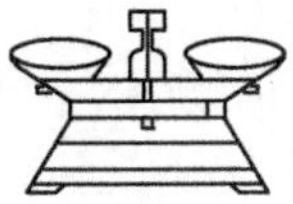 托盘天平（附砝码）	称量药品（固体）质量，精度≥0.1g	称前调零点，称量时左物右码，精确至0.1g，药品不能直接放在托盘上，易潮解、腐蚀性药品放在玻璃器皿中称量
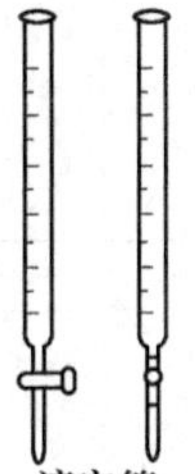 滴定管	用于滴定，可准确量取液体体积，酸式滴定管盛酸性、氧化性溶液，碱式滴定管盛碱性、非氧化性溶液，两者不能互相代替	使用前要洗净并检查其是否漏液，先润洗再装溶液，“0”刻度在上方，但不在顶端；最大刻度不在底端。精确至0.1mL，可估读到0.01mL。读数时视线与凹液面最低处相切
 胶头滴管	用于吸取或滴加液体试剂	加液时，不能伸入容器中，更不能接触容器，应垂直悬空于容器口正上方约0.5cm处。不能倒置，也不能平放于桌面上。用完后，立即用水洗净

三、其他仪器

实验室常用的其他仪器见表1-5。

表 1-5　实验室常用的其他仪器

仪器图形与名称	主要用途	使用方法和注意事项
 酒精喷灯	用作热源，火焰温度1000℃左右	需要强热的实验用此加热，如煤的干馏，木炭还原氧化铜
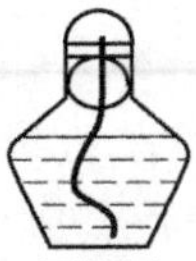 酒精灯	作为热源，用于化学实验的加热，或进行焰色反应	灯内酒精不要超过其容积的2/3，也不要少于容积的1/3。不要用燃着的酒精灯去点燃另外一只酒精灯

续表 1-5

仪器图形与名称	主要用途	使用方法和注意事项
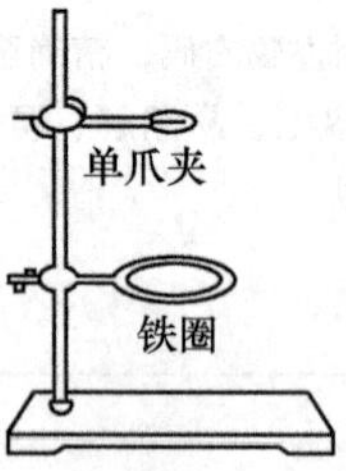 铁架台	固定或放置反应容器。铁圈可代替漏斗架用于过滤	铁圈、铁夹的高度合适，用烧杯、烧瓶、锥形瓶等加热物质时要垫石棉网
 漏斗	过滤或向小口容器中注入液体	过滤时应“一贴二低三靠”
 长颈漏斗	用于装配反应器，便于注入反应液	将长管末端插入液面下，防止气体逸出
 分液漏斗	用于分离密度不同且互不相溶的液体；也可组装反应器，以随时加液体；也可用于萃取分液	使用前先检查是否漏液。分液时下层液体自下口放出，上层液体从上口倒出，放液时打开上盖或将塞上的凹槽对准上口小孔

四、物质的分离与提纯

表 1-6 列出了分离和提纯物质常用的操作、适用范围及操作要点。

表 1-6　分离和提纯物质常用的操作、适用范围及操作要点

操作名称与装置	适用范围和实例	操 作 要 点
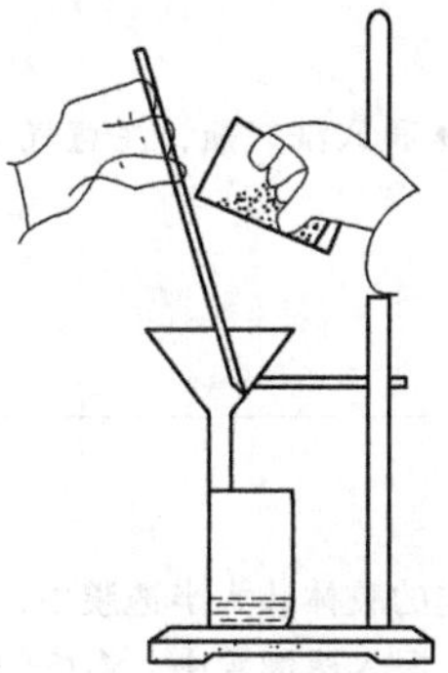 过滤（沉淀洗涤）	固体（不溶）-液体分离，如除去粗盐中的泥沙	对折法折叠滤纸后紧贴漏斗壁，用水润湿至不出气泡为止，滤纸边缘低于漏斗边缘，过滤时加入漏斗的溶液面低于滤纸边缘；过滤时烧杯嘴与玻璃棒接触，玻璃棒与三层滤纸处相接触，漏斗嘴紧靠玻璃烧杯内壁，即“一贴二低三靠”
 蒸发结晶（重结晶）	固体-液体分离，如食盐溶液的蒸发结晶；利用物质在同一溶剂中的溶解度受温度影响程度不同，进行固体-固体（均溶）分离。例：KNO_3、NaCl 的结晶分离	蒸发皿可直接加热，固定在铁架台的铁环上。加热时用玻璃棒不断地搅动，防止热液溅出，当溶液出现较多固体时停止加热，利用余热将溶液蒸干
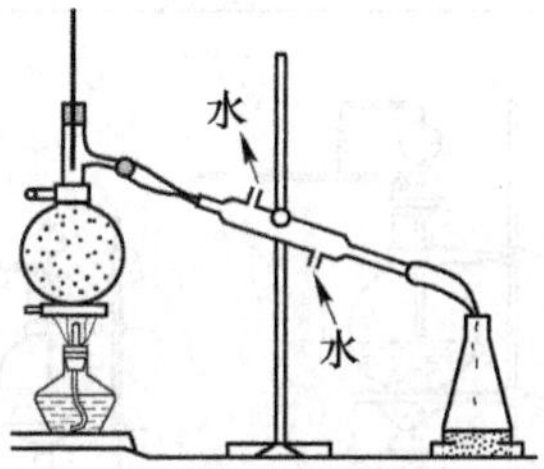 蒸馏分馏	分离沸点不同的液体混合物。如从乙醇和丁醇的混合物中，蒸出乙醇	蒸馏烧瓶加热要垫石棉网，温度计水银球放在支管口向下的位置。冷凝管横放时头高尾低保证冷凝液自然下流，冷却水与被冷凝蒸气流向相反
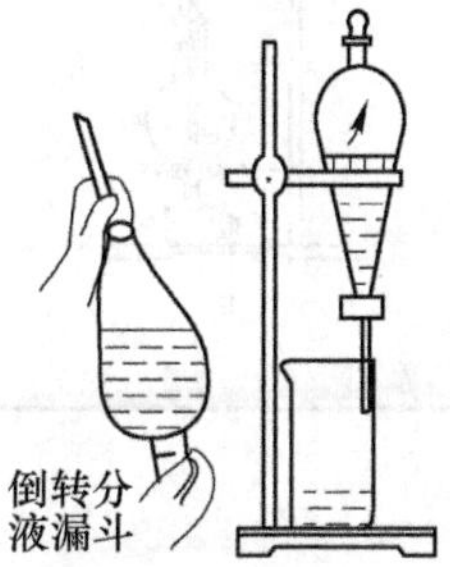 萃取分液	将两种不相溶的液体分离。如用 CCl_4 将碘从碘水中萃取出来后，再进行分液	将溶液注入分液漏斗，溶液总量不超过其容积的 3/4，两手握住分液漏斗，倒转分液漏斗反复、用力振荡并放气。把分液漏斗放在铁架台的铁圈中静置、分层。打开旋塞，下层液体从漏斗管流出，上层液体从上口倒出

续表 1-6

操作名称与装置	适用范围和实例	操 作 要 点
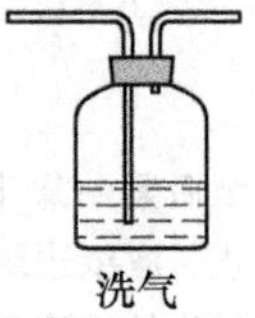 洗气	气-气分离（杂质气体与试剂反应）如用饱和食盐水除去 Cl_2 中的 HCl 杂质	混合气体通入洗气瓶，注意气体流向，长进短出
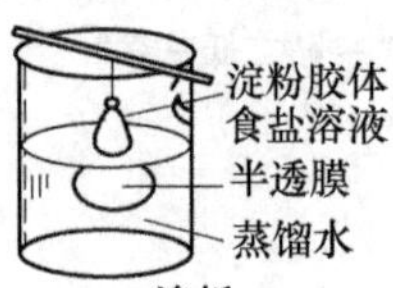 渗析	胶粒与溶液中的溶质分离。如用渗析的方法除去淀粉胶体中的 NaCl	将要提纯的胶体装入半透膜中，将半透膜袋系好，浸入蒸馏水中，渗析的时间要充分

第三节 常见气体的制备与收集

一、气体的发生装置

气体的发生装置图如表 1-7 所示。

表 1-7 气体的发生装置图

固态反应物加热产生气体	有液体反应物不加热产生气体	有液体反应物加热产生气体
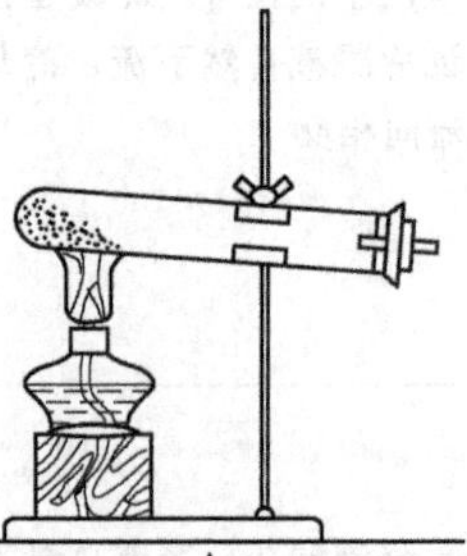 A	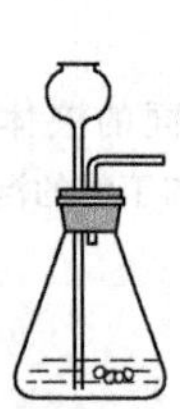 B 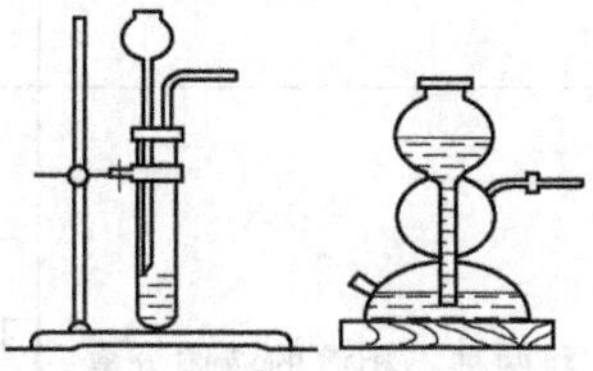 C	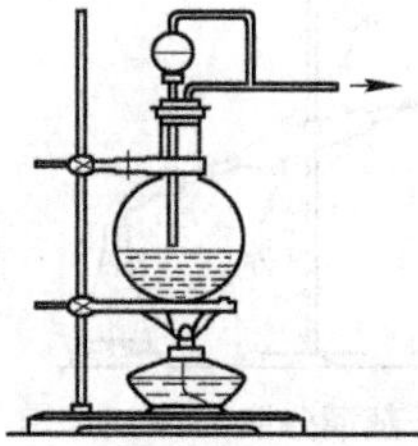 D 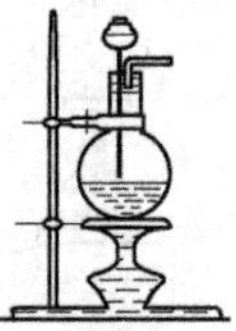 E 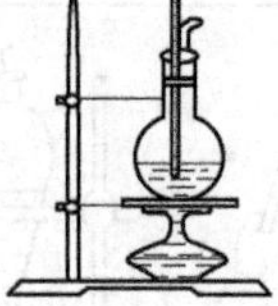 F

二、气体的收集方法

气体的收集方法图见表 1-8。

表 1-8 气体的收集方法图

排水集气法	向上排空气法	向下排空气法
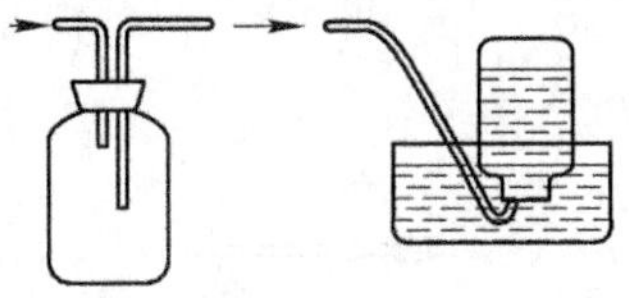 a	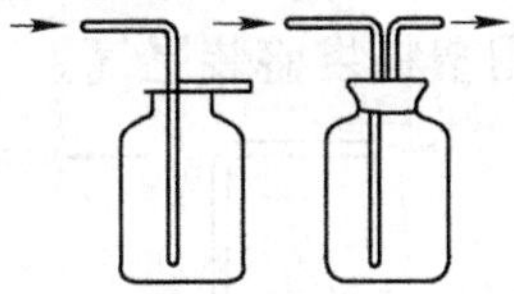 b	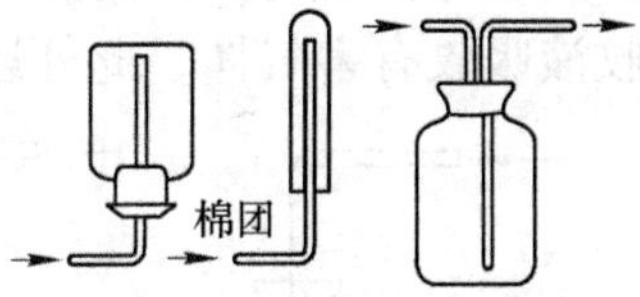 c

三、常见气体的制备原理及装置选择

常见气体的制备原理及装置选择见表 1-9。

表 1-9 常见气体的制备原理及装置选择

气 体	反 应 原 理	发生装置（见表 1-7）	收集装置（见表 1-8）
O_2	$2KMnO_4 \xlongequal{\triangle} K_2MnO_4 + MnO_2 + O_2\uparrow$ $2KClO_3 \xlongequal[\triangle]{MnO_2} 2KCl + 3O_2\uparrow$	A	a 或 b
CH_4	无水 CH_3COONa 和碱石灰共热 $CH_3COONa + NaOH \xrightarrow[\triangle]{CaO} CH_4\uparrow + Na_2CO_3$	A	a 或 c
NH_3	$2NH_4Cl + Ca(OH)_2 \xlongequal{\triangle} 2NH_3\uparrow + 2H_2O + CaCl_2$	A	c
H_2	活泼金属（如 Zn、 Fe）与稀强酸（如 H_2SO_4、HCl， 但勿用氧化性酸如 HNO_3 或浓 H_2SO_4）的置换反应	C	a 或 c
CO_2	$CaCO_3 + 2HCl = CaCl_2 + CO_2\uparrow + H_2O$	C	b
SO_2	无水 Na_2SO_3 粉末与中等浓度的 H_2SO_4 进行复分解反应	B	b
NO_2	$Cu + 4HNO_3(浓) = Cu(NO_3)_2 + 2NO_2\uparrow + 2H_2O$	B	b
C_2H_2	$CaC_2 + 2H_2O \rightarrow Ca(OH)_2 + C_2H_2\uparrow$	B	a
Cl_2	$MnO_2 + 4HCl(浓) \xlongequal{\triangle} MnCl_2 + Cl_2\uparrow + 2H_2O$ $2KMnO_4 + 16HCl(浓) = 2KCl + 2MnCl_2 + 5Cl_2\uparrow + 8H_2O$ $2NaCl + MnO_2 + 2H_2SO_4 \xlongequal{\triangle} Na_2SO_4 + MnSO_4 + Cl_2\uparrow + 2H_2O$	E 或 D	a 或 b
HCl	$2NaCl + H_2SO_4(浓) \xlongequal{\triangle} Na_2SO_4 + 2HCl\uparrow$	E 或 D	b
NO	$3Cu + 8HNO_3(稀) = 3Cu(NO_3)_2 + 2NO\uparrow + 4H_2O$	E	a

四、尾气的处理装置

具有毒性或污染性的尾气必须进行处理，常用尾气处理装置如图 1-1 所示，一般常用吸收液吸收有害气体，此外还可以用塑料袋盛装尾气。

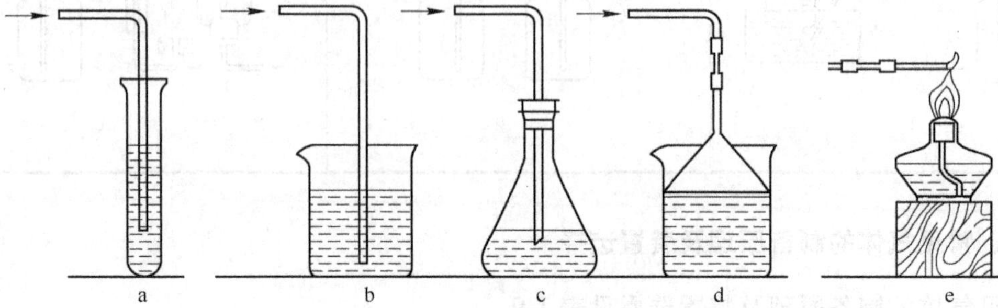

图 1-1 常用尾气处理装置图

a，b—溶解度不是很大的尾气处理装置；c，d—溶解度大且吸收速率很快的尾气处理装置；e—难以吸收的尾气燃烧除去装置

五、气体的净化和干燥

气体的净化、干燥装置一般常用的有洗气瓶、干燥管、U 形管和双通加热管几种，如图 1-2 所示。

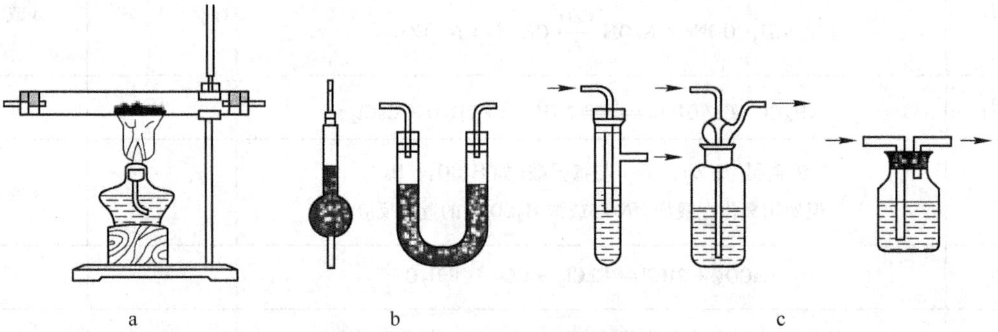

图 1-2 气体的净化、干燥装置

（1）双通加热管（图 1-2a）中一般装入固体除杂剂，除杂试剂和混合气体中的某一组分反应。例如：Cu 和混合气体中的 O_2 反应而将 O_2 除去。

（2）干燥管、U 形管（图 1-2b）中一般装入固体干燥剂。常见的固体干燥剂有：

1）酸性干燥剂，用来干燥酸性气体，如 P_2O_5、硅胶、浓 H_2SO_4 等。

2）碱性干燥剂，用来干燥碱性气体，如 CaO、碱石灰等。

3）中性干燥剂，既能干燥碱性气体又能干燥酸性气体，如无水 $CaCl_2$（但 $CaCl_2$ 不能干燥 NH_3，因易形成 $CaCl_2\cdot8NH_3$）。

（3）洗气瓶（图 1-2c）中一般装入液体除杂试剂。除杂试剂应通过化学反应将杂质吸收或将杂质气体转化为所制取的气体。常见除杂试剂有：

1）强碱溶液：如 NaOH 溶液可吸收 CO_2、SO_2、H_2S、Cl_2、NO_2 等酸性气体。

2）饱和的酸式盐溶液，可将杂质气体吸收转化，如饱和 $NaHCO_3$ 溶液能除去 CO_2 中混有的 HCl、SO_2 等酸性气体，饱和 $NaHSO_3$ 溶液能除去 SO_2 中混有的 HCl、SO_3 等气体，饱和 NaHS 溶液能除去 H_2S 中混有的 HCl 气体。

3）浓 H_2SO_4：利用它的吸水性，可除去 H_2、SO_2、HCl、CO、NO_2、CH_4 等气体中混有的水蒸气。但由于浓 H_2SO_4 有强氧化性，不能用来干燥具有强还原性的气体，如 H_2S、HBr、HI 等。

4）酸性 $KMnO_4$ 溶液：利用它的强氧化性，可以除去具有还原性的气体，如除去混在 CO_2 气体中的 SO_2、H_2S 等。

另外，还常将固体的无水 $CuSO_4$ 装入干燥管中，通过颜色变化检验水蒸气的存在。用 Na_2O_2 固体也可将 CO_2、H_2O（气）转化为 O_2。

第四节　物质的检验

一、常见气体的检验

检验常见气体常用的反应、现象和注意问题见表 1-10。

表 1-10　检验常见气体常用的反应、现象和注意问题

气体	常用的反应和现象	注意问题
O_2	能使带火星的木条复燃	防止带火星的木条在空气中熄灭
H_2	火焰呈浅蓝色，不纯则点燃有爆鸣声	点燃可燃性气体时一定要先验纯。用玻璃导管点燃有时看不到蓝色火焰，这是因为 Na^+ 燃烧有黄色火焰
CO	火焰呈蓝色，生成物只有 CO_2	
H_2S	火焰呈蓝色，不完全燃烧生成硫；遇 $Pb(Ac)_2$ 或 $Pb(NO_3)_2$ 湿试纸变黑，有臭鸡蛋味	
CH_4	火焰呈浅蓝色，生成 CO_2 和水；不能使溴水或 $KMnO_4$ 酸性溶液褪色	遇到多种可燃性气体除用点燃来检验外，还要利用特征或燃烧产物的性质加以区别（如 H_2S 有臭鸡蛋味，也能使溴水褪色或使 $KMnO_4$ 酸性溶液褪色，但有硫沉淀）
C_2H_4	点燃后产生微弱黑烟，使溴水或酸性 $KMnO_4$ 溶液褪色	
C_2H_2	点燃后产生较浓黑烟，使溴水或酸性 $KMnO_4$ 溶液褪色	
NH_3	使湿润的红色石蕊试纸变蓝，遇蘸浓盐酸的玻璃棒有白烟	在空气中不燃，但在纯氧中可燃
NO_2	红棕色气体，但溶于水为无色溶液，呈酸性	能使湿润 KI-淀粉试纸变蓝，不能用它区别
Cl_2	使湿润的 KI-淀粉试纸变蓝	与石灰水反应无沉淀
SO_2	使品红溶液褪色，加热后恢复原色	SO_2 具有刺激性气味，CO_2 无气味，它们都可使湿润的蓝色石蕊试纸变红，SO_2 作用更显著。SO_2 和 CO_2 通入石灰水的现象相同
CO_2	澄清石灰水出现白色沉淀后澄清，但不使品红溶液、$KMnO_4$ 酸性溶液、溴水等溶液褪色	
HCl	使湿润的蓝色石蕊试纸变红，遇蘸浓氨水的玻璃棒出白烟，遇 $AgNO_3$ 溶液产生白色沉淀	HI、HBr 同 HCl，遇 $AgNO_3$ 溶液分别析出 AgI、AgBr 的黄色及浅黄色沉淀

二、常见阳离子的检验

检验常见阳离子所用的试剂（或方法）、现象及离子方程式见表1-11。

表1-11 检验常见阳离子所用的试剂（或方法）、现象及离子方程式

离子	试剂或方法	现象	离子方程式
H^+	蓝色石蕊试纸 甲基橙 Na_2CO_3	由蓝色变为红色 由橙色变为红色 有气泡	$2H^++CO_3^{2-}=H_2O+CO_2\uparrow$
K^+	焰色反应	透过蓝色钴玻璃看到浅紫色火焰	
Na^+	焰色反应	黄色火焰	
NH_4^+	加 OH^-,加热	有气体产生,使润湿红色石蕊试纸变蓝	$NH_4^++OH^-\xlongequal{\triangle}NH_3\uparrow+H_2O$
Ag^+	加 Cl^-,稀 HNO_3	生成白色沉淀,不溶于稀 HNO_3	$Ag^++Cl^-=AgCl\downarrow$
Mg^{2+}	NaOH 溶液	生成白色沉淀,碱过量沉淀不溶	$Mg^{2+}+2OH^-=Mg(OH)_2\downarrow$
Ba^{2+}	加入稀 H_2SO_4	生成白色沉淀	$Ba^{2+}+SO_4^{2-}=BaSO_4\downarrow$
Fe^{2+}	加 NaOH	沉淀由白色到灰绿色到红褐色	$Fe^{2+}+2OH^-=Fe(OH)_2\downarrow$ $4Fe(OH)_2+2H_2O+O_2=4Fe(OH)_3$
	加 KSCN 和氯水	无现象,再加氯水溶液变红色	$2Fe^{2+}+Cl_2=2Fe^{3+}+2Cl^-$ $Fe^{3+}+3SCN^-\rightleftharpoons Fe(SCN)_3$
Cu^{2+}	加 NaOH	蓝色沉淀	$Cu^{2+}+2OH^-=Cu(OH)_2\downarrow$
Al^{3+}	加 NaOH	生成白色沉淀,OH^- 过量白色沉淀溶解	$Al^{3+}+3OH^-=Al(OH)_3\downarrow$ $Al(OH)_3+OH^-=AlO_2^-+2H_2O$
Fe^{3+}	加 NaOH	红褐色沉淀	$Fe^{3+}+3OH^-=Fe(OH)_3\downarrow$
	加 KSCN	变红色	$Fe^{3+}+SCN^-=[Fe(SCN)]^{2+}$
	加苯酚	溶液显紫色	$Fe^{3+}+6(C_6H_5OH)=$ $[Fe(C_6H_5O)_6]^{3-}+6H^+$

三、常见阴离子的检验

检验常见阴离子所用的试剂（或方法）、现象及离子方程式见表1-12。

表1-12 检验常见阴离子所用的试剂（或方法）、现象及离子方程式

离子	试剂或方法	现象	离子方程式
OH^-	酚酞试液或甲基橙试液	由无色变红 由橙色变黄	
S^{2-}	$Pb(NO_3)_2$ 溶液	黑色沉淀	$Pb^{2+}+S^{2-}=PbS\downarrow$
	稀 HCl 或稀 H_2SO_4	有臭鸡蛋气体	$2H^++S^{2-}=H_2S\uparrow$
SO_4^{2-}	加 Ba^{2+}、稀 HNO_3	产生白色沉淀，不溶于稀 HNO_3	$Ba^{2+}+SO_4^{2-}=BaSO_4\downarrow$
SO_3^{2-}	加 H^+、品红溶液	产生气体，品红褪色	$SO_3^{2-}+2H^+=H_2O+SO_2\uparrow$

续表 1-12

离 子	试剂或方法	现　象	离子方程式
CO_3^{2-}	H^+、澄清石灰水	有气体产生，石灰水变浑浊	$CO_3^{2-}+2H^+ = H_2O+CO_2\uparrow$ $CO_2+Ca^{2+}+2OH^- = CaCO_3\downarrow+H_2O$
Cl^-	加 Ag^+，稀 HNO_3	产生白色沉淀，不溶于稀 HNO_3	$Cl^-+Ag^+ = AgCl\downarrow$
Br^-	加 Ag^+，稀 HNO_3	产生淡黄色沉淀，不溶于稀 HNO_3	$Br^-+Ag^+ = AgBr\downarrow$
I^-	Ag^+，稀 HNO_3；新制氯水，淀粉溶液	产生黄色沉淀，不溶于稀 HNO_3；滴入新制氯水，振荡后再滴入淀粉溶液，变蓝	$I^-+Ag^+ = AgI\downarrow$ $2I^-+Cl_2 = 2Cl^-+I_2$

第二章　中学化学基础实验

实验一　氧气的实验室制取与性质

【实验目的】

（1）掌握实验室制取和收集氧气的方法及操作。
（2）熟练进行木炭、硫粉、铁丝、红磷等在氧气中燃烧的性质实验并掌握操作关键。

【实验原理】

在标准状况下，O_2 为无色无味的气体，密度为 1.429g/L，比空气的密度（1.293g/L）大，且不易溶于水（每升水大约可溶解 30mL 氧气），故可用向上排空气法或排水法收集氧气。氧气常见的制法如下：

氯酸钾法（固-固加热型制气装置）：

$$2KClO_3 \xlongequal[\triangle]{MnO_2} 2KCl + 3O_2 \uparrow$$

高锰酸钾法（固-固加热型制气装置）：

$$2KMnO_4 \xlongequal{\triangle} K_2MnO_4 + MnO_2 + O_2 \uparrow$$

过氧化氢法（固-液不加热型制气装置）：

$$2H_2O_2 \xlongequal{MnO_2} O_2 \uparrow + 2H_2O$$

氧气具有氧化性，在点燃或高温条件下可以和大多数金属、非金属发生反应，放出大量热。

【实验用品】

仪器：硬质大试管、具支试管、分液漏斗、单孔橡胶塞、玻璃弯管、酒精灯、火柴、水槽、集气瓶、毛玻璃片、橡胶软管、铁架台、药匙、玻璃棒、托盘天平、燃烧匙、烧杯、坩埚钳、小试管。

药品：固体氯酸钾、二氧化锰、固体高锰酸钾、15%的过氧化氢溶液、硫粉、脱脂棉、木炭、铁丝、蜡烛、澄清石灰水。

【实验内容】

一、氧气的制取

（一）氯酸钾分解法

（1）连接装置：按图 2-1 所示安装仪器，检查装置气密性：将导管略浸入水面下，用手握住试管底部，或用灯焰稍微加热，如导管口处有气泡冒出，则证明装置不漏气。反之，需调换塞子或导管。

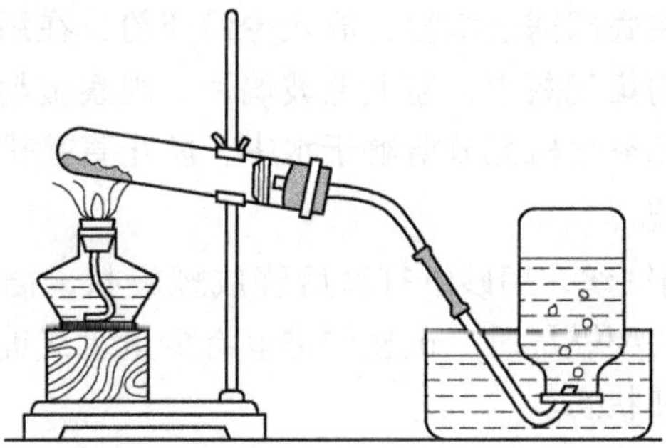

图 2-1　氧气的制备

（2）处理药品：市售的二氧化锰含有机物和炭屑等杂质，先将二氧化锰灼烧至暗红，使可燃物燃尽，防止与固体氯酸钾混合加热发生危险。将颗粒状氯酸钾放在研钵中轻轻压碎，严禁研磨，更不能与二氧化锰混合研磨，以免发生爆炸。

（3）装药品：称取 1.5g 二氧化锰和 6.0g 固体氯酸钾，混合均匀后装入试管中，使其平铺在试管底部。用带有导管的塞子塞紧试管口，固定在铁架台上，试管口略向下倾斜。

（4）制取氧气：加热试管，先使试管均匀受热，然后将灯焰放在靠试管口一端有药品的地方加热，随着反应的进行逐渐将灯焰移向试管底部。

（5）收集：将集气瓶装满水，并用毛玻璃片盖住瓶口（不要使瓶口水面留有气泡），倒立在水槽里备用。当水槽中导管口有气泡均匀放出时，分别用排水法和向上排空气法收集氧气。

（6）结束实验：收集完毕，先将导气管拿出水面，再移去酒精灯，防止水槽中的水倒流入热的试管致使试管炸裂。

（二）高锰酸钾分解法

取 3.0g $KMnO_4$ 加入硬质大试管，所用实验装置和氯酸钾法基本相同。为防止高锰酸钾因受热沿导气管逸出，可在导气管的管口塞一团脱脂棉。加热试管，收集气体，步骤同上。

（三）过氧化氢分解法

如图 2-2 所示，连接实验装置，检查装置的气密性。向锥形瓶中加入 0.5g 二氧化锰，向分液漏斗中加入适量 15% 的过氧化氢溶液。控制滴加速度，收集气体，步骤同上（也可用氧化铜、氧化铁、氧化铬等做催化剂进行反应）。

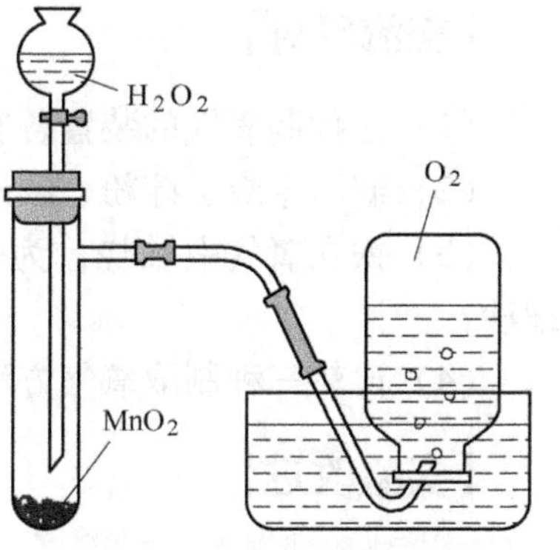

图 2-2　过氧化氢法制氧气

二、氧气的性质

（一）木炭在氧气里燃烧

取一小块木炭，用镊子夹住，加热到发红，立即伸进盛有氧气的集气瓶中，观察现象。燃烧停止后，向集气瓶内倒入5~7mL澄清石灰水，振荡，检验产物。

（二）硫在氧气里燃烧

取一洁净的燃烧匙，在底部铺上细沙，放入少量硫粉，在酒精灯上加热至燃烧，立即伸入一瓶有少量水的氧气的集气瓶中，盖上毛玻璃片。观察硫粉在氧气里燃烧现象。实验结束后，震荡集气瓶，使二氧化硫充分溶解于水中，防止直接排放造成空气污染。

（三）铁在氧气里燃烧

取一根长约15cm的细铁丝，用砂纸打磨后绕成螺旋状，插入一根火柴，系在燃烧匙柄上。点燃火柴待火柴梗快要燃尽时，迅速伸进盛有少量水或铺有细沙的氧气瓶里。观察现象，注意生成物的颜色和状态。

（四）磷在氧气里燃烧

取一洁净的燃烧匙，在底部铺上细沙，放入少量红磷，在酒精灯上加热至燃烧，立即伸入一瓶盛有氧气的集气瓶中，盖上毛玻璃片（或使燃烧匙插入一张穿有小孔的硬纸片中作为瓶盖）。观察磷在空气里燃烧和在氧气里有何不同现象。

【注意事项】

（1）较大的氯酸钾颗粒要放入干燥而洁净的研钵中轻轻压碎，不能研磨，更不能和二氧化锰混合研磨。

（2）实验前，需将二氧化锰放入蒸发皿或坩埚中灼烧，除去其中可燃物。

（3）制取氧气时，试管口要低于试管底部，伸进试管内的导管不宜过长。

（4）实验结束时，先把导管从水里拿出来，然后移去酒精灯。

（5）为防止铁燃烧熔渣溅落瓶底，使集气瓶炸裂，集气瓶中要预留一些水或铺一层细沙。

（6）硫粉和红磷燃烧后，须迅速向集气瓶中加水振荡，以防止产物污染环境。

【交流研讨】

（1）三种制氧气的装置各有何特点？如何检查装置的气密性？

（2）演示木炭、硫粉、红磷和铁丝在氧气中燃烧实验时，应引导学生观察哪些现象？

（3）铁在氧气中燃烧，为什么将铁丝绕成螺旋状，且在集气瓶底部盛少量水或垫细沙？

（4）比较三种制取氧气方法的优缺点。

【实验改进】

一、过氧化氢分解制备氧气时白雾的成分探究

过氧化氢和二氧化锰制备氧气时，经常会观察到试管中有白色物质产生，经分析白色物质可能是氧气和水蒸气的混合物在氧气流的作用下形成的小液滴。为了验证假设，将产生的白雾通入无水硫酸铜溶液，观察到无水硫酸铜溶液颜色由无色变为蓝色，说明假设成立。除去白雾的方法：可在氧气制备的实验过程中加入盛有浓硫酸的洗气瓶进行干燥。

二、氯酸钾分解制氧气时白色烟雾的成分探究

用氯酸钾和二氧化锰制备氧气时，常常会出现白色烟雾。经分析，白烟成分中含有氯离子和氯酸根离子，猜测可能由于氯酸钾和氯化钾升华后在气相空间凝固，或由于氧气泡和熔化物形成飞沫带出成烟。雾可能是少量氯气与水反应生成的氯化氢遇到空气中的水分形成了盐酸雾滴。除去白烟的方法：可用水洗、静置或在导管口塞一小段疏松的棉花加以过滤，还可以使氧气通过10%氢氧化钠溶液使之净化。

三、水泥负载二氧化锰催化分解过氧化氢

过氧化氢分解制氧气需要以二氧化锰为催化剂，在实际的实验操作中，二氧化锰与过氧化氢的水溶液混合后形成黑色悬浮物，难以完成二氧化锰的分离，从而无法验证催化剂在反应前后质量不变的性质。基于此，可将二氧化锰与水泥按照一定的比例混合，加水搅拌制作成颗粒状水泥负载二氧化锰催化剂，用制作的水泥负载二氧化锰催化剂催化分解过氧化氢，从而解决二氧化锰粉末回收利用和性质检验的问题。

【评价细则】

“氧气的实验室制取与性质”实验操作评价细则见表2-1。

表2-1 “氧气的实验室制取与性质”实验操作评价细则（100分）

总分：________

项 目	评分内容	分值	A	B	C	D
氯酸钾制取氧气	仪器安装准确规范；检查气密性；用纸槽把混合好的药品送入试管底部，药品混合均匀；给试管预热；用排水法收集气体，操作准确	20				
过氧化氢制取氧气	仪器安装准确规范；检验装置的气密性，用手握住具支试管，水槽有气泡产生；集气瓶中有气泡产生，用排水法收集气体，操作准确；实验后回收处理废液	20				
碳在氧气中燃烧	取一小块木炭；木炭在酒精灯上加热到发红；木炭剧烈燃烧，发出白光，现象明显；加入澄清石灰水变浑浊	10				
铁在氧气中燃烧	铁丝用砂纸打磨；铁丝在火柴梗上绕成螺旋状，系在燃烧匙柄上；瓶底垫有水或细沙；当火柴只剩余烬时，将铁丝伸入集气瓶；火星四射	15				
硫在氧气中燃烧	燃烧匙底部铺有细沙；取用少量硫粉；硫粉燃烧产生淡蓝色火焰，闻到刺激性气味；剩余硫燃烧完全；用蓝色石蕊试纸检验呈红色；实验结束后振荡集气瓶，吸收二氧化硫	15				
磷在氧气中燃烧	燃烧匙底部铺有细沙；取用少量红磷；红磷燃烧产生明亮火焰，有白烟生成	10				
结果讨论	及时记录实验数据，实验结束后进行小组讨论；团结协助共同完成实验任务	5				
清洗仪器、整理实验台	台面干净，无药品洒落；仪器摆放整齐，无破损	5				

注：A占总分的90%~100%，B占总分的70%~90%，C占总分的50%~70%，D占总分的0~50%。

实验二 氢气的实验室制取与性质

【实验目的】

（1）了解启普发生器的构造、原理及使用方法。

（2）掌握氢气制取、燃烧、还原氧化铜及氢氧混合爆炸的安全操作技能。

【实验原理】

根据金属活动性顺序，排在氢之前的金属（例如铁、锌、镁）可与酸反应生成氢气。本实验以粗锌粒和稀硫酸为原料，在启普发生器中制取氢气，具体反应如下：

$$Zn + H_2SO_4 = ZnSO_4 + H_2\uparrow$$

这是一个固液不加热的反应，且反应平缓，放热少。为加快反应速率可加入硫酸铜溶液。锌与铜离子发生反应，析出的铜沉积在锌的表面，从而形成无数微小的原电池。当锌继续溶解时，过剩的电子通过铜传递给氢离子，氢气就从铜表面逸出，使反应继续进行。另外纯锌的纯度较高，反应时在锌的表面会附着氢气，锌是对氢的超电势比较高的金属，产生的超电势会影响反应的继续进行，故采用粗锌进行实验。

【实验用品】

仪器：启普发生器、烧杯、试管、酒精灯、尖嘴玻璃管、水槽、导管、铁架台、集气瓶、纸杯、橡皮管、橡皮筋、火柴、纱网。

药品：锌粒、硫酸溶液（1∶3.5）、15%的硫酸铜溶液、氧化铜、洗洁精、凡士林。

【实验内容】

一、氢气的制取

（一）启普发生器的构造

启普发生器由三部分组成，从上到下依次是：球形漏斗、导气管、由玻璃球和玻璃半球组成的容器。球形漏斗的长颈几乎可伸到半球体的底部。玻璃球体的上方开口是球形漏斗插入的孔道，侧方是气体出口，可安装带活塞的导气管。玻璃半球侧面的小口用于倾倒废液，一般用磨砂玻璃塞塞紧（图 2-3）。

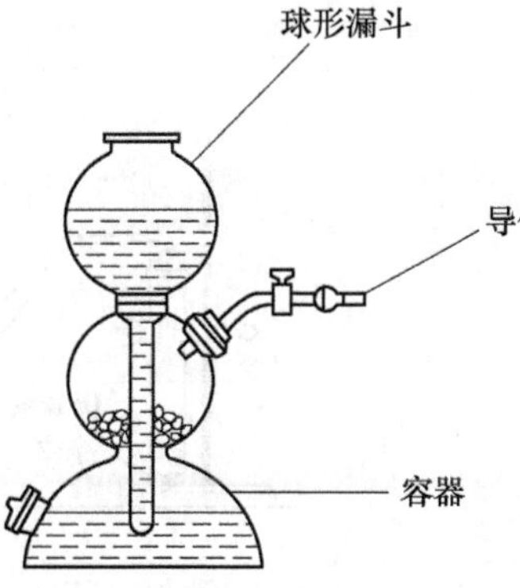

图 2-3 启普发生器

（二）氢气的生成

（1）安装仪器：将球形漏斗、容器颈部以及导气管活塞擦拭干净，涂一层薄薄的凡士林，旋转达到均匀透明。用塑料绳把半球体上的玻璃塞子拴住。

（2）检查气密性：打开导气管活塞，加水至充满半球体，关闭活塞，继续加水至液面达漏斗球体容积的一半处，静置 2～3min，若水位不下降则说明不漏气。

（3）加锌：将启普发生器横放，抽出球形漏斗，加入用纱网包裹的锌粒后插入漏斗，再将启普发生器直立起来；或拔出导气管的橡皮塞，将锌粒从此口加入，其量不得超过球体容积的三分之一。可在球体与半球体之间加带小孔的橡皮圈或放些玻璃棉、玻璃球，以防止锌粒漏到半球体中。

中途加锌：关闭导气管活塞，产生的氢气将酸液压回球形漏斗中，用橡皮塞塞住漏斗口。拔去插导气管的橡皮塞，从开口处加锌。

（4）加酸：打开导管活塞，将酸从球形漏斗处加至浸没锌粒位置，关闭活塞待用。

中途加酸：关闭活塞使酸液回升至球形漏斗，加入一些稍浓的硫酸，摇动发生器使酸液混合。

（5）进行性质实验，控制反应速度。

（6）排酸：关闭导管活塞，用橡皮塞塞在球形漏斗口，右手握住启普发生器的球体，略倾斜使半球体的下口朝上，置于大口接收器之上，左手拔去半球体下口的塞子，让酸液缓缓流出。剩余的锌粒应充分洗净并烘干后保存。

（7）洗涤：实验结束后立即洗涤启普发生器，磨砂口处的凡士林可分别用废纸和蘸有煤油的废纸先后擦拭，再用去污粉洗刷，在磨口处垫上纸。移动启普发生器时，要握住葫芦体的腰部，大型的发生器还要用另一只手托住发生器的底部。

图 2-4　氢气验纯

（三）氢气纯度的检验

打开导气管活塞，用排水法收集一试管氢气，用拇指堵住试管口，移近火焰，放开拇指，如听见尖锐的爆鸣声，表明氢气不纯，需重新收集检验直至发出轻微的“噗”声为止（图 2-4）。（注意：第一次用过的试管不能直接使用）

（四）简易装置制取氢气

以稀硫酸和锌粒为原料，按图 2-5 所示连接制取氢气的简易装置，可制取一定量的氢气。

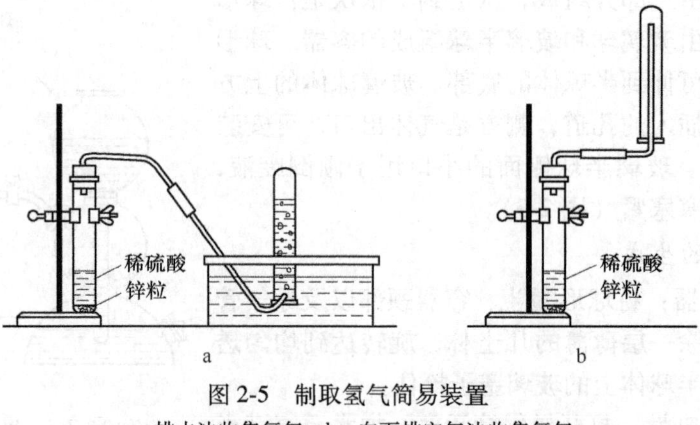

图 2-5　制取氢气简易装置

a—排水法收集氢气；b—向下排空气法收集氢气

二、氢气的性质

（一）氢气的燃烧

收集一试管氢气进行验纯，确保安全后，在玻璃导管口点燃氢气，将烧杯罩在氢焰上方，观察火焰颜色，注意烧杯内壁变化。捏住橡皮管，气流中断，氢焰自然熄灭。

（二）氢气还原氧化铜

称取 0.3g 左右的黑色氧化铜粉末置于试管底部，将导气管伸入试管中，管口略向下倾斜。通入氢气，排净空气，片刻后加热试管（通氢气前要验纯，加热前要先通氢气，以便排净试管中的空气）。观察氧化铜的颜色及试管内壁的变化。实验完毕后，停止加热，继续通氢气至试管冷却，防止还原出来的铜被空气中的氧气氧化（图 2-6）。

（三）氢气吹泡

方法一：将导气管口的橡皮管（不宜用玻璃管，因为它表面光滑，不易蘸到洗液，而且泡泡容易从管口滑落）蘸上肥皂水，管口朝上吹泡，注意控制气流速度，待泡有蚕豆大时，轻轻摆动软胶管，泡即脱落，向空中飞去。可用燃着的木条点燃气泡。

方法二：将氢气通入肥皂水中吹成肥皂泡后，移开启普发生器。用点燃的木条点燃肥皂泡，可听到“噗”的爆鸣声，观察到一团火焰（图 2-7）。

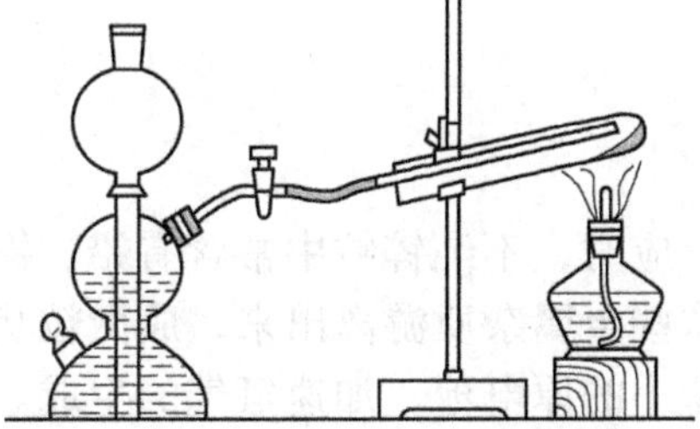

图 2-6　氢气还原氧化铜

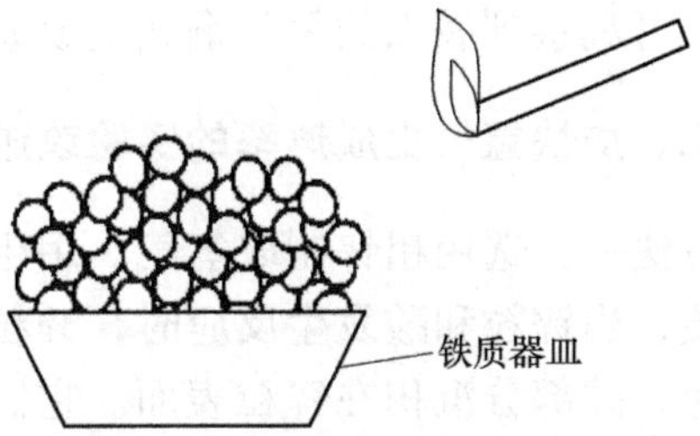

图 2-7　氢气的燃烧及氢气与空气混合气的爆炸

（四）氢氧混合爆炸

将事先准备好的纸杯倒扣在玻璃板上，在杯底扎一小孔，通入氢气（约 2min）。迅速拔掉导气管，用手指堵住小孔，移到室外用细木条点燃（注意：此实验具有一定的危险性，点火时应将手指迅速抽掉，以免炸伤手指；点火时选用长一点的木条；此实验使用小纸杯即可，不要用铁器）。

【注意事项】

（1）氢气验纯：第一次用过的试管不能立即使用，需用拇指堵住试管一会儿或浸入水中。因为第一次用过的试管可能有残留的氢气火焰，再次使用会引起爆炸。

（2）氢气还原氧化铜：试管口略向下倾斜，以免生成的水回流引起试管炸裂；通氢气的导气管要伸到接近试管底部有氧化铜的上方，排净试管里的所有空气；检验氢气纯度后先通入一定量的氢气，再加热氧化铜，当黑色的氧化铜逐渐变成光亮的红色的铜时，先停止加热，继续通氢气至试管冷却。

（3）氢氧混合爆炸：剩余的锌粒和废酸均要回收，尽量选用纸杯并于人员分散的地点进行混合爆炸。

【交流研讨】

（1）简述启普发生器的使用范围及优缺点。

（2）纯锌和硫酸反应较慢，可采用什么方法加快反应？为什么？

（3）制取氢气用稀硫酸还是稀盐酸？为什么？

（4）实验中有哪些不安全因素？如何预防？

【实验改进】

一、氢气还原氧化铜的实验改进

方法一：用硝酸铜自制氧化铜。向洁净试管中滴入2~3滴饱和硝酸铜溶液，加热过程中不断转动，使硝酸铜均匀附着在试管内壁。继续加热，由于硝酸铜分解，在试管内壁生成一层黑色物质。用氢气还原后，可得到光亮的铜镜。

方法二：取直径为0.3~0.5mm的铜丝，用砂纸打磨后，在玻璃棒上绕成螺旋状，在酒精灯外焰上加热，使表面生成黑色的氧化铜，将表面氧化的铜丝放入试管内，用氢气还原后，可观察到表面的氧化铜又变成光亮的铜。

二、加快氢气生成速率的实验改进

方法一：选用粗锌制取氢气。用粗锌和稀硫酸反应时，不纯锌粒中常含有铅、铜、锡等杂质，当锌粒和酸发生反应时，锌粒中所含有的这些金属杂质游离出来，成微粒状态而呈黑色，并部分沉积在锌粒表面。它们能形成无数微小的原电池，加速氢气的生成。但是仅从金属的纯度来看，杂质的量不至于产生如此多的黑色物质，锌表面的黑色也可能是由于锌原子溶解使表面形成细小的金属颗粒而使其显黑色。

方法二：用铁或锌等活泼金属与稀硫酸或稀盐酸制取氢气时，加入少量的硫酸铜溶液可使氢气的反应速率加快。原因是活泼金属与硫酸铜发生置换反应，产生铜单质，铜单质与金属在酸溶液中形成原电池，从而加快反应速率。

【评价细则】

“氢气的实验室制取与性质”实验操作评价细则见表2-2。

表 2-2　“氢气的实验室制取与性质”实验操作评价细则（100分）

总分：______

项　目	评 分 内 容	分值	A	B	C	D
氢气的制取	正确安装和使用启普发生器，检查装置的气密性；按规定加入药品；正确收集 H_2；实验结束后将废液回收处理	25				
氢气纯度检验	收集满 H_2 时用拇指堵住；试管口向下移近火焰，松开大拇指；听到“噗”的一声，说明氢气已纯，听到尖锐的爆鸣声说明不纯	15				
氢气吹泡	将橡皮管蘸上肥皂水，管口朝上吹泡，泡有蚕豆大。用燃着的木条点燃气泡	10				
氢气的点燃	点燃前验纯；用烧杯作冷凝器，罩在氢焰上；火焰呈蓝色，烧杯内壁上有水珠流下；烧杯外壁很热	10				
氢气还原氧化铜	检查装置的气密性；用纸槽将氧化铜粉末送入干燥的试管中；试管口向下倾斜；排完空气后给试管加热；黑色氧化铜变成红色的铜；试管口有水生成	15				
氢氧混合爆炸	纸杯底部烫一圆孔；竖直放在桌面上；在圆孔上接氢气导管；估计收集满时用食指堵上小孔；用木棒在圆孔处点燃发出尖锐的爆鸣声	15				
结果讨论	及时记录实验数据，实验结束后进行小组讨论；团结协助共同完成实验任务	5				
清洗仪器、整理实验台	台面干净，无药品洒落；仪器摆放整齐，无破损	5				

注：A 占总分的90%~100%，B 占总分的70%~90%，C 占总分的50%~70%，D 占总分的0~50%。

实验三 氯气的实验室制取与性质

【实验目的】

（1）掌握实验室制取和收集氯气的方法及操作关键。
（2）熟练进行钠、铜、铁丝、氢气在氯气中燃烧的性质实验。
（3）了解氯气泄漏的危害，提高环保意识。

【实验原理】

实验室常用浓盐酸和二氧化锰加热制氯气，还可用 $KMnO_4$ 或 $KClO_3$ 与浓盐酸反应制氯气，反应方程式如下：

$$4HCl(浓) + MnO_2 \xlongequal{\triangle} MnCl_2 + Cl_2\uparrow + 2H_2O$$

$$KClO_3 + 6HCl(浓) \xlongequal{} KCl + 3H_2O + 3Cl_2\uparrow$$

$$2KMnO_4 + 16HCl(浓) \xlongequal{} 2KCl + 2MnCl_2 + 8H_2O + 5Cl_2\uparrow$$

收集氯气时可用向上排空气法，也可用排饱和食盐水法。根据化学平衡，氯气与水反应产生氯离子，而饱和食盐水中的氯离子浓度已达饱和，根据平衡移动原理，不能继续溶解。氯气有毒，需对尾气进行处理，常用10%的氢氧化钠溶液吸收。

【实验用品】

仪器：铁架台及其附件、酒精灯、火柴、具支试管、分液漏斗、橡皮管、T形管、止水夹、集气瓶、毛玻璃片、漏斗、大烧杯、量筒、托盘天平、小刀、滤纸、三脚架、石棉网、砂纸、镊子、坩埚钳、启普发生器、水槽、小玻璃瓶、尖嘴导管、塑料板。

药品：浓盐酸、二氧化锰、10%的氢氧化钠溶液、淀粉碘化钾试纸、金属钠、铜丝、铁丝、镁条、有色纸条、锌粒、饱和食盐水、0.1mol/L 的硝酸银溶液、硫酸溶液（1：4）、10%的硫酸铜溶液。

【实验内容】

一、氯气的制取与收集

（1）连接装置：按照由下至上，由左至右的原则，安装制取氯气的实验装置（图2-8）。

（2）检查气密性：先将a、b处止水夹打开，关闭c处止水夹，拆除漏斗，将连接漏斗的橡皮管口伸入水面下1～2cm处，用酒精灯微热。如果橡皮管口处有气泡均匀冒出，或者在移开酒精灯后，橡皮管内有水柱上升，证明装置气密性良好。

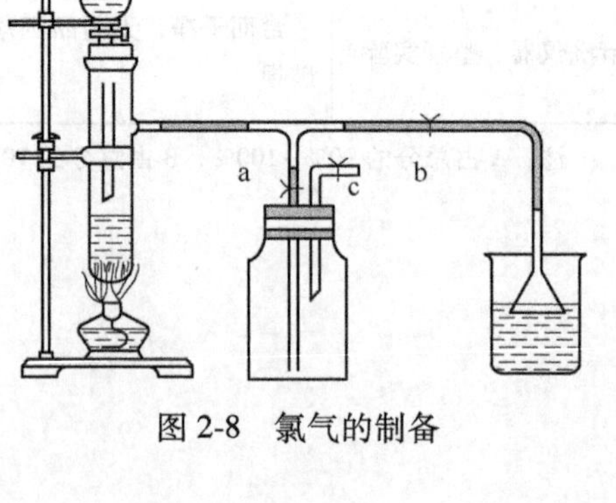

图2-8 氯气的制备

（3）装药品：在干燥的具支试管中加入4～5g

二氧化锰固体，用量筒量取 50mL 浓盐酸，注入分液漏斗，向烧杯中加入 50mL 氢氧化钠溶液。

（4）制取氯气：打开分液漏斗的活塞，缓慢向具支试管中注入浓盐酸（液体下滴速度不宜过快，大约每秒一滴），用酒精灯微热，可采用不断移动酒精灯的方法间断加热。

（5）收集氯气：关闭 b 处止水夹，打开 a 和 c 处止水夹，采用向上排空气法收集氯气。用湿润的淀粉-碘化钾试纸放在导气管口 c 处，如果试纸变蓝，证明氯气已满。

（6）尾气吸收：收集氯气后，及时关闭 a 处止水夹，打开 b 处止水夹，进行尾气处理。

二、氯气的化学性质

（一）钠在氯气中燃烧

取少量金属钠，吸去钠表面的煤油，切除钠表面的淡黄色外皮，放置于石棉网上，加热至有液泡产生。迅速将充满氯气的集气瓶倒扣在液泡上，观察钠在氯气中燃烧的实验现象。待钠燃尽后向集气瓶中注入少量水，防止剩余的氯气污染空气（图 2-9）。

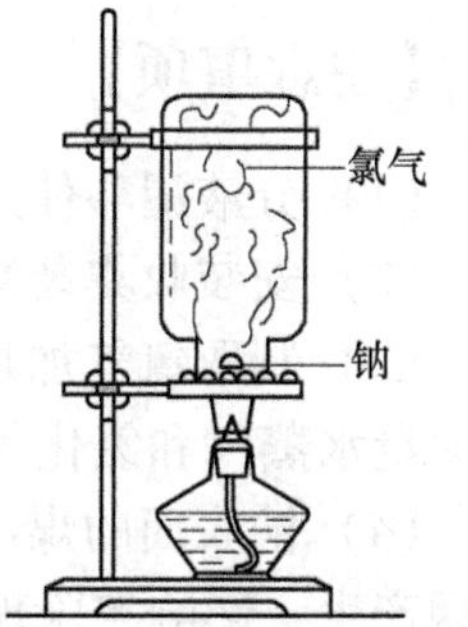

图 2-9　钠在氯气中燃烧

（二）铜在氯气中燃烧

取一段细铜丝，用砂纸打磨，将其缠绕在火柴梗上。在酒精灯上加热至红热，迅速伸入充满氯气的集气瓶底部，使氯气与铜丝充分反应。待反应完后，向集气瓶中注入少量水，振荡，观察实验现象。

（三）铁丝在氯气中燃烧

取一段细铁丝，用砂纸打磨，将其缠绕在火柴梗上。在酒精灯上加热至红热，迅速伸入充满氯气的集气瓶底部。向集气瓶中注入少量水，振荡，观察实验现象。

（四）氢气在氯气中燃烧

用启普发生器制取氢气，验纯后在玻璃尖管处点燃。慢慢伸入充满氯气的集气瓶中，氢气与氯气燃烧产生苍白色的火焰，并产生大量的盐酸酸雾（图 2-10）。

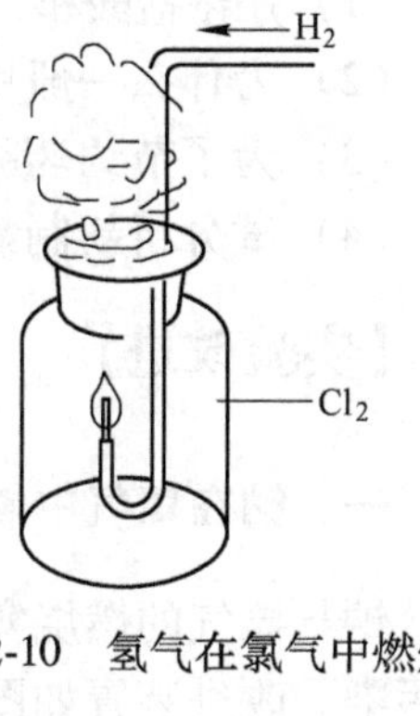

图 2-10　氢气在氯气中燃烧

（五）氢气与氯气的光化实验

采用排饱和食盐水法，用小玻璃瓶分别收集纯净的氢气和氯气各一瓶。氯气在上，氢气在下，将两瓶气体充分混合，放在实验台边缘，用点燃的镁条照射引爆，观察实验现象。

（六）氯水主要成分的探究

（1）用玻璃棒蘸取少量氯水于淀粉碘化钾试纸上，观察现象并填入表 2-3 中。

（2）取少量 $NaHCO_3$ 溶液于试管中，加入几滴氯水，观察现象并填入表 2-3 中。

（3）取少量氯水于试管中，加入几滴 $AgNO_3$ 溶液，再加稀硝酸，观察现象并填入表 2-3 中。

（4）分别用玻璃棒蘸取新制氯水和稀盐酸，滴在 pH 试纸上，观察现象并填入表

2-3 中。

（5）将干燥的有色布条和湿润的有色布条分别放入两瓶干燥氯气中，观察现象并填入表 2-3 中。

表 2-3 氯水主要成分的探究

实验内容	实验现象	氯水中的成分
探究（1）		
探究（2）		
探究（3）		
探究（4）		
探究（5）		

【注意事项】

（1）分液漏斗使用前先进行检漏，注入浓盐酸时要关闭活塞。

（2）安装收集装置时，漏斗要浸入氢氧化钠液面下 1cm 处，防止倒吸。

（3）制取氯气加热时要微热、间断加热，防止由于温度过高，液体沸腾堵塞支管及带入大量水蒸气和氯化氢气体，导致收集的氯气不纯。

（4）钠表面的煤油和淡黄色外皮要除干净，如果钠表面的煤油除不净，在反应时会有黑烟产生，影响实验现象。

（5）剩余的钠屑必须进行处理，可将其置于石棉网上加热至钠屑燃尽。

（6）性质实验完成，向集气瓶中注入少量水，防止剩余的氯气和反应后的烟雾污染空气。

【交流研讨】

（1）用浓盐酸和二氧化锰制得的氯气可能含有哪些杂质？如何除去杂质气体？

（2）为什么一般用氢氧化钠溶液吸收多余的氯气而不用石灰水？

（3）为了节约药品，能否利用实验室制取氧气的残渣加浓硫酸制取氯气？为什么？

（4）试分析新制氯水和久置氯水的区别。

【实验改进】

一、钠在氯气中燃烧的实验改进

钠与氯气的燃烧实验由于装置气密性原因，经常会有部分氯气逸散到空气中，造成环境污染。改进装置如图 2-11 所示，向干燥三叉管的一个支管中加入一小药匙的高锰酸钾固体；另一支管中装入少量的碎瓷片。取除去表面氧化层的绿豆般大小的金属钠，用滤纸吸干煤油，小心地铺在碎瓷片的上面。用插在胶塞上的塑料多用滴管吸取约 1mL 的浓盐酸，用滤纸吸干滴管外部沾有的浓盐酸，小心地把胶塞塞紧在三叉管上。把装好药品的三叉管固定在铁架台上，导管的另一端插入装有氢氧化钠溶液的烧杯中。用手慢慢挤压滴管，使浓盐酸均匀地滴加，至烧杯中的氢氧化钠溶液有气泡产生，停止滴加。观察实验现象：钠在氯气中反应，发出黄光，产生白烟，反应后支管壁出现白色粉末状固体。

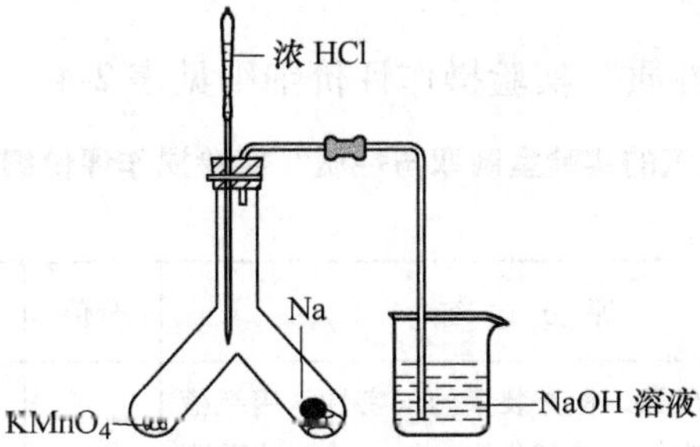

图 2-11　钠在氯气中燃烧的实验改进

二、氯气性质实验的改进

取一张与培养皿底面大小相同的圆形白纸，将白纸均分成 6 个区块，在分好的六个区块上分别注明 $AgNO_3$溶液、NaBr 溶液、KI 溶液、石蕊试液、干燥的红纸和湿润的红纸字样。中心位置画一个大小合适的圆圈，注明 $KClO_3$粉末和浓 HCl 字样。圆形白纸有字一面朝上放平，并将培养皿置于其上方。

用胶头滴管分别吸取 $AgNO_3$溶液、NaBr 溶液、KI 溶液、石蕊试液各 2 滴，滴在培养皿中字样对应位置。用药匙取绿豆大小的 $KClO_3$粉末放在中心位置。取 2 张合适大小的湿润和干燥红纸分别放于培养皿中字样对应位置。

用胶头滴管吸取浓 HCl 滴于 $KClO_3$粉末上，迅速盖上培养皿。此时，看到 $KClO_3$粉末变成黄色，$AgNO_3$溶液变成白色，NaBr 溶液变成橙色，KI 溶液变成褐色，湿润的红纸和石蕊试液开始褪色。

【评价细则】

“氯气的实验室制取与性质”实验操作评价细则见表2-4。

表2-4　“氯气的实验室制取与性质”实验操作评价细则（100分）

总分：________

项　目	评分内容	分值	A	B	C	D
氯气的制取	正确安装仪器，检查装置的气密性；用纸槽向具支试管中加入二氧化锰；加入的浓盐酸刚好浸没二氧化锰；有尾气处理装置；用向上排空气法收集氯气；用湿润的淀粉碘化钾试纸对氯气进行验满，若满则试纸变蓝	25				
钠在氯气中燃烧	取金属钠，除去淡黄色外皮；在石棉网上加热融化后把装满氯气的集气瓶倒扣在钠上；钠燃烧火焰呈黄色；钠燃尽后，集气瓶中有白烟	15				
铜在氯气中燃烧	铜丝加热到发红后伸入充满氯气的集气瓶中；铜丝在氯气中燃烧，集气瓶中充满棕色烟；向集气瓶中倒入少量水，振荡；氯化铜溶于水成绿色溶液	10				
铁在氯气中燃烧	将铁丝拧成螺旋状；加热到红热后伸入氯气瓶中；铁与氯气发生反应，瓶内充满棕色的烟；向瓶内注入少量水，振荡；三氯化铁溶于水成黄色溶液	10				
氢气在氯气中燃烧	正确用启普发生器制取氢气，验纯后点燃；将导气管伸入氯气瓶中；观察苍白色火焰；有大量酸雾生成	15				
氢气氯气光化实验	在同一水槽中用排饱和食盐水法收集纯净的氯气和氢气；口对口混合，用塑料板盖上瓶口；用镁条引爆，有白烟生成	15				
结果讨论	及时记录实验数据，实验结束后进行小组讨论；团结协助共同完成实验任务	5				
清洗仪器、整理实验台	台面干净，无药品洒落；仪器摆放整齐，无破损	5				

注：A占总分的90%~100%，B占总分的70%~90%，C占总分的50%~70%，D占总分的0~50%。

实验四　氯化氢和氨气的制取与性质

【实验目的】

（1）掌握氯化氢和氨气的制取、收集及尾气吸收的方法和操作。
（2）熟练进行氯化氢和氨气的喷泉、白烟等性质实验并掌握操作关键。

【实验原理】

实验室通过食盐和浓硫酸反应制取氯化氢，铵盐和碱共热制取氨气。

$$NaCl(固) + H_2SO_4(浓) \xlongequal{\triangle} NaHSO_4 + HCl\uparrow$$

$$NaCl + NaHSO_4(浓) \xlongequal{\triangle} Na_2SO_4 + HCl\uparrow$$

$$2NH_4Cl + Ca(OH)_2 \xlongequal{\triangle} CaCl_2 + 2NH_3\uparrow + 2H_2O$$

氨气极易溶于水，使容器内的压强降低，产生压强差。外界大气压将滴有酚酞的溶液压入气体容器内，形成红色喷泉。氨气和氯化氢气体反应生成氯化铵固体，两者相遇形成白烟。

【实验用品】

仪器：铁架台及附件、酒精灯、具支试管、单孔塞、分液漏斗、T形管、止水夹 、双孔塞、锥形漏斗、大烧杯、洗瓶、火柴、圆底烧瓶（250mL）、带有滴管的双孔塞、玻璃片、硬质大试管、单双孔橡皮塞、玻璃导管、双通管、集气瓶、双通玻璃管。

药品：氯化铵固体、氢氧化钙固体、酚酞试剂、浓盐酸、浓氨水、脱脂棉、食盐、浓硫酸、蓝色石蕊试纸、紫色石蕊试纸（液）。

【实验内容】

一、氯化氢的制取

（1）连接装置：按图2-12所示安装仪器。

（2）检查气密性：取下分液漏斗检查是否漏水，如果漏水则在活塞处涂抹凡士林。取下锥形漏斗，将导管直接伸入水中，打开A、B止水夹，用酒精灯在具支试管底部均匀加热，观察导管口是否有气泡产生，若有气泡产生，说明气密性良好。

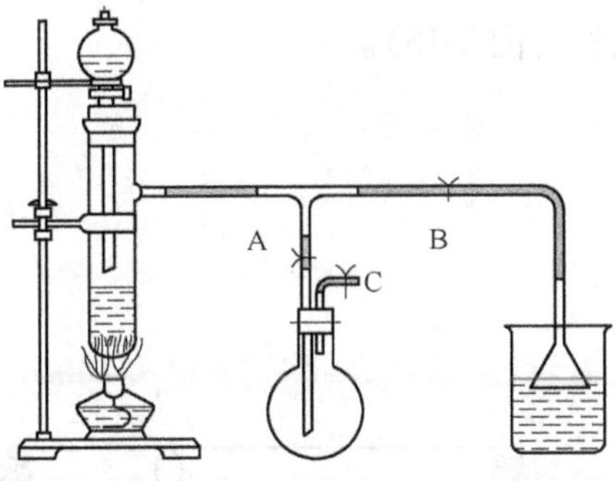

图2-12　氯化氢的制备

（3）装药品：准确称取8.0g食盐于具支试管中，用少量蒸馏水润湿。

（4）制取：打开止水夹A、C，关闭止水夹B，控制分液漏斗的滴速，加入约8mL浓硫酸。待氯化氢缓慢放出时，用酒精灯在具支试管底部先预热再用小火加热。用向上排空气法收集气体。

（5）验满：将湿润的蓝色石蕊试纸靠近止水夹C处的导气管口，若试纸变红，说明收集已满。

（6）尾气处理：实验结束后，关闭止水夹A，打开止水夹B，进行尾气吸收。

二、氨气的制取

（1）连接装置（图2-13）：硬质大试管的管口略向下倾斜，用单孔塞、双孔塞以及玻璃管将大试管和圆底烧瓶连接起来。

（2）检查气密性：将导管口浸于烧杯中水的液面下，打开止水夹 K_1、K_4，关闭T形管处的 K_2、K_3，在大试管底部用酒精灯微热，导气管口若有气泡均匀溢出，说明气密性良好。

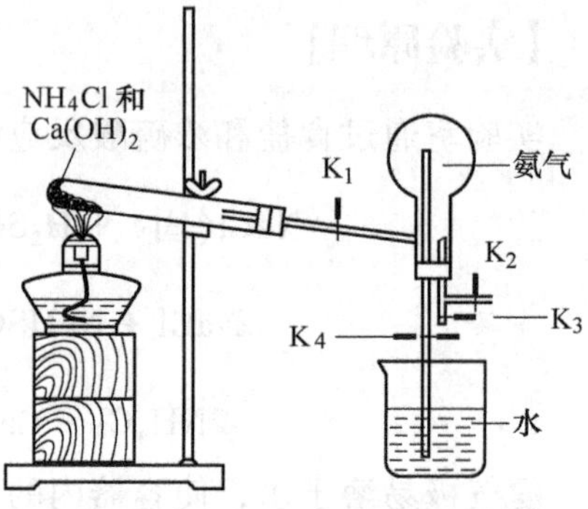

图2-13　氨气的制备和喷泉实验

（3）装药品：将研磨好的3.3g氢氧化钙、2.5g氯化铵混合均匀，装入硬质大试管中，平铺于试管底部；在烧杯中装入水，滴入几滴酚酞，将胶头滴管中吸入适量水与止水夹 K_2 处的导管相连。

（4）制取：打开止水夹 K_1、K_3，关闭止水夹 K_2、K_4，点燃酒精灯加热，将湿润的红色石蕊试纸放在止水夹 K_3 橡胶管管口，当发现试纸变蓝时，熄灭酒精灯。

（5）喷泉实验：关闭止水夹 K_1、K_3，打开止水夹 K_2，用胶头滴管向烧瓶中挤入适量水，迅速打开止水夹 K_4。

三、氨气和氯化氢的性质实验

（1）喷泉实验：将长导管伸入滴有紫色石蕊溶液的烧杯中，用力挤压装有水的胶头滴管，使少量水进入圆底烧瓶，观察现象。

（2）白烟和白环实验：

1）把长约30cm的玻璃管水平放置于桌面上，将蘸有浓盐酸的脱脂棉和蘸有浓氨水的脱脂棉同时塞在管口两端，放置片刻，观察白环现象（图2-14）。

2）将收集满氨气的集气瓶倒扣在收集满氯化氢的集气瓶上，抽开玻璃片，观察白烟现象（图2-15）。

图2-14　白环装置

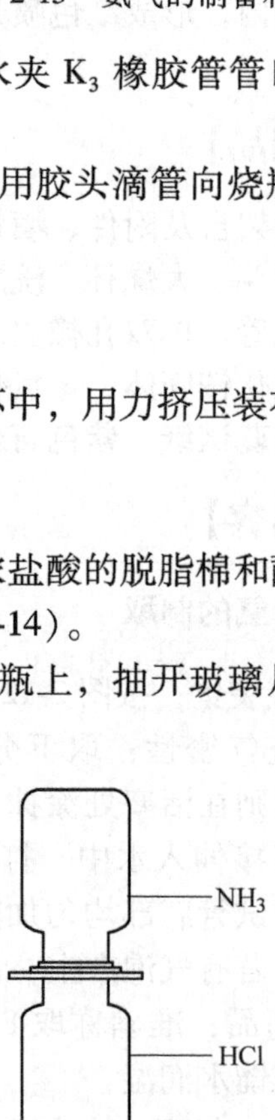

图2-15　白烟装置

【注意事项】

（1）实验前要检查装置的气密性。
（2）不可将氯化铵和氢氧化钙混合研磨。
（3）安装硬质大试管时试管口应略向下倾斜。
（4）收集气体时使用的圆底烧瓶和集气瓶必须干燥。
（5）使用浓硫酸时要注意安全，剩余硫酸回收至指定试剂瓶。

【交流研讨】

（1）试比较以下两种制取氯化氢方法的优缺点。
方法一：氯化钠和浓硫酸反应；
方法二：浓硫酸滴入浓盐酸。
（2）能否用稀硫酸或硝酸代替浓硫酸制取氯化氢？为什么？
（3）氟化钠、溴化钠、碘化钠和浓硫酸能否制得相应的卤化氢？
（4）分析喷泉实验成败的关键。

【实验改进】

“喷泉实验”改进

（1）如图2-16连接装置并检查装置的气密性：关闭止水夹A，打开止水夹B、C、D，将C端的橡胶管浸入水面以下，若C端橡胶管管口有气泡冒出，停止加热后橡胶管中形成一段稳定的水柱，则说明装置气密性良好。

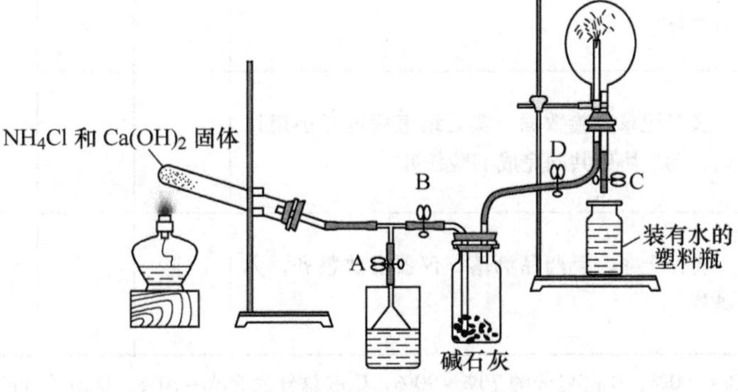

图2-16　喷泉实验改进

（2）装药品：将研磨好的3.3g氢氧化钙和2.5g氯化铵混合均匀，装入硬质大试管中，平铺于试管底部，在塑料瓶中装满水，并滴入酚酞试液。

（3）制取：关闭止水夹A，打开止水夹B、C、D，点燃酒精灯加热，将湿润的红色石蕊试纸放在止水夹C处的橡胶管管口，当发现红色石蕊试纸变蓝时，熄灭酒精灯，打开止水夹A，关闭止水夹B、C、D。

（4）喷泉实验：将C端导管塞入塑料瓶中，关闭止水夹D，迅速向圆底烧瓶中挤入少量水，关闭止水夹D，几秒钟后，打开止水夹E，即可观察到喷泉。

【评价细则】

“氯化氢和氨气的制取与性质”实验操作评价细则见表2-5。

表2-5 “氯化氢和氨气的制取与性质”实验操作评价细则（100分）

总分：__________

项 目	评 分 内 容	分值	A	B	C	D
氯化氢的制取	正确安装仪器，检查装置的气密性；加入药品适量；成功制取氯化氢；湿润紫色石蕊试纸变红；小火加热收集气体	30				
氨气的制取	正确安装仪器，试管口向下倾斜；检查装置的气密性；两种药品分开研磨，混合均匀平铺在试管底部；用酒精灯微热试管底部；使湿润的红色石蕊试纸变蓝	30				
喷泉实验	检验装置的气密性；用干燥的圆底烧瓶收集氨气，用力挤压胶头滴管；操作正确，喷泉现象明显	20				
白烟白环实验	操作正确，棉花放置位置合适；浓盐酸、浓氨水滴取适量；将收集满氨气的集气瓶迅速倒扣在已收集满氯化氢的集气瓶上；白烟白环现象明显	10				
结果讨论	及时记录实验数据，实验结束后进行小组讨论；团结协助共同完成实验任务	5				
清洗仪器、整理实验台	台面干净，无药品洒落；仪器摆放整齐，无破损	5				

注：A占总分的90%~100%，B占总分的70%~90%，C占总分的50%~70%，D占总分的0~50%。

实验五　甲烷、乙烯、乙炔的制取与性质

【实验目的】

（1）掌握甲烷、乙烯、乙炔的制取方法和安全操作。
（2）验证饱和烃与不饱和烃的性质，理解有机物的反应特点。

【实验原理】

实验室用无水乙酸钠和碱石灰（均预先作脱水干燥处理）混合加热制取甲烷（固-固加热型制气装置）。用无水乙醇和浓硫酸共热到170℃以上，发生分子内脱水来制备乙烯（液-液加热型制气装置）。用电石（碳化钙）和饱和食盐水来制取乙炔（固-液不加热型制气装置），反应方程式如下：

$$CH_3COONa + NaOH \xrightarrow{CaO} CH_4\uparrow + Na_2CO_3$$

$$C_2H_5OH \xrightarrow[170℃]{浓\ H_2SO_4} C_2H_4\uparrow + H_2O$$

$$CaC_2 + 2H_2O \longrightarrow Ca(OH)_2 + C_2H_2\uparrow$$

【实验用品】

仪器：圆底烧瓶、温度计（200℃）、尖嘴玻璃管、滴管、玻璃棒、量筒（5mL、10mL）、研钵、托盘天平、硬质试管、酒精灯、分液漏斗、烧杯、蒸发皿、铁架台及其附件、石棉网、碎瓷片、玻璃片、火柴、水槽、导气管。

药品：浓硫酸、10%的稀硫酸、浓盐酸、10%的氢氧化钠溶液、0.5%的高锰酸钾溶液、3%的溴水、无水乙醇、碱石灰、氢氧化钠固体、无水乙酸钠、饱和食盐水、电石（碳化钙）颗粒。

【实验内容】

一、甲烷的制备及性质实验

（一）甲烷的制备

（1）试剂的预处理：无水乙酸钠极易吸水，使用前需在蒸发皿中灼烧。灼烧过程中，需不断搅拌，直至无气泡出现。冷却后，将无水乙酸钠倒入研钵内研成粉末，盛放在干燥的试剂瓶内，拧紧瓶塞备用（有时由于加热过度，得到的固体呈灰黑色，仍可使用）。

（2）甲烷的制备：称取4.0g处理好的无水乙酸钠、6.0g碱石灰、3.0g氢氧化钠固体，充分混合后，用酒精灯先均匀加热，后集中加热试管中的混合物（图2-17）。

（二）甲烷的性质

（1）与高锰酸钾反应：取一支试管加入3mL 0.5%的高锰酸钾溶液，滴加10滴10%的硫酸溶液酸化，将甲烷气体通入试管中观察实验现象，注意颜色变化。

（2）与溴水反应：取一支试管加入 3mL 3%的溴水，通入甲烷气体，观察溴水颜色变化。

（3）燃烧实验：检验甲烷纯度后（与检验氢气的方法相同），将导管换成尖嘴玻璃管。点燃甲烷，在火焰上方罩一个干燥洁净的小烧杯，观察火焰颜色和烧杯内壁有何现象出现。

（4）取代反应：取一支大试管，用排饱和食盐水法先收集 2/3 体积的氯气，再通甲烷至满。如图 2-18 所示固定装置，置于窗口阳光下照射，观察现象（若光线不足，可用日光灯照射；若光线太强，用塑料膜包裹试管以减弱光的强度，防止发生爆炸）。

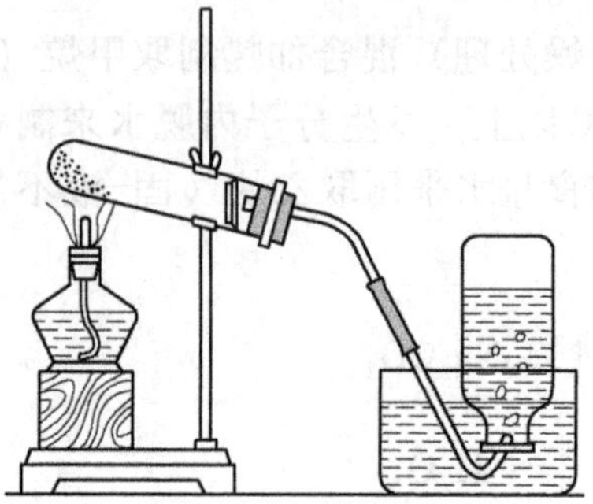

图 2-17 甲烷的制取

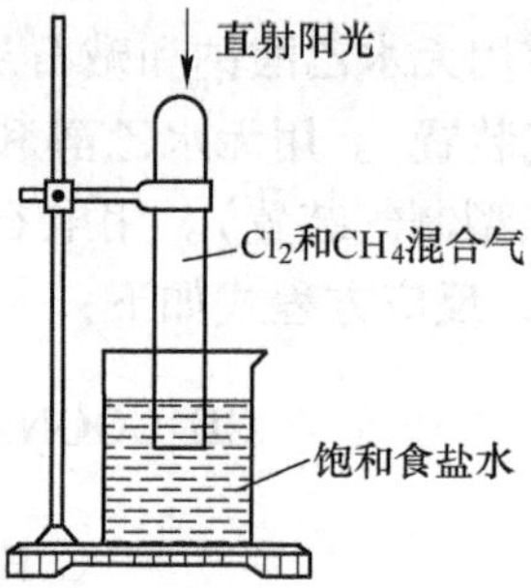

图 2-18 甲烷的取代反应

二、乙烯的制备及性质实验

（一）乙烯的制备

在圆底烧瓶中加入两粒碎瓷片（防止爆沸）、5mL 无水乙醇，缓慢加入 15mL 浓硫酸，振荡混合均匀后在烧瓶口插上 200℃的温度计（水银球要浸没在液体中），观察实验现象，注意蒸馏瓶内混合液的颜色变化。乙烯制取实验的关键是要使混合物迅速升温到 170℃以上（也可用加 3.0g 氧化钙、5.0g 尿素、25mL 浓硫酸、10mL 95%乙醇的方法，在 1min 内即可上升至 170℃）。140℃时发生分子间脱水生成乙醚；温度过高，可能发生复杂的深度分解，或与浓硫酸发生氧化还原反应（图 2-19）。

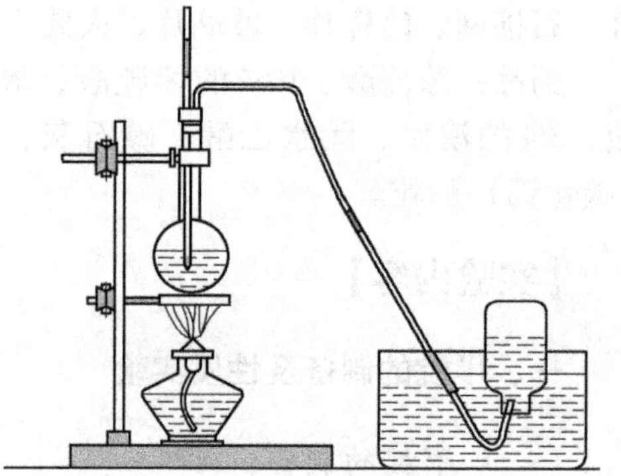

图 2-19 乙烯的制取

（二）乙烯的性质

（1）与高锰酸钾反应：取一支试管，加入 3mL 0.5%的高锰酸钾溶液、10 滴 10%的硫酸，通入乙烯气体，观察现象，注意颜色变化。

（2）与溴水反应：取一支试管，加入 3mL 3%的溴水，通入乙烯气体，观察溴水的颜色变化。

（3）燃烧实验：检验乙烯纯度后（与检验氢气的方法相同），将导管换成尖嘴玻璃管。

点燃乙烯，在火焰上方罩一个干燥洁净的小烧杯，观察火焰颜色和烧杯内壁有何现象出现。

（4）制取乙烯时的主要产物探究（二氧化硫、乙烯）：

1）将混合气体通入品红溶液，观察现象并填入表 2-6 中；

2）继续通入品红溶液直至不再褪色，得出结论并填入表 2-6 中；

3）将气体继续通入酸性高锰酸钾溶液，观察现象并填入表 2-6 中。

表 2-6　制取乙烯时的主要产物探究

实 验 内 容	实 验 现 象	混合气体成分
探究 1）		
探究 2）		
探究 3）		

三、乙炔的制备及性质实验

（一）乙炔的制备

如图 2-20 所示安装实验仪器并检验其气密性，待确定气密性良好后，取一小块电石置于干燥的试管中，向分液漏斗中加入饱和食盐水，缓慢旋转分液漏斗活塞，观察实验现象。

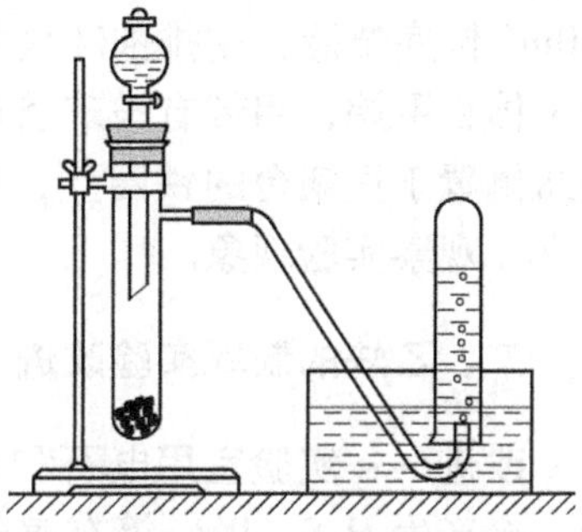

图 2-20　乙炔的制取

（二）乙炔的性质

（1）与高锰酸钾反应：取一支试管，先后加入 3mL 0.5%的高锰酸钾溶液、10 滴 10%的硫酸溶液，将气体通入溶液中观察现象，注意颜色变化。

（2）与溴水反应：取一支试管加入 3%的溴水 3mL，通入乙炔气体，观察溴水颜色的变化。

（3）燃烧实验：燃烧前对乙炔气体进行验纯（方法与氢气的验纯一致），将导气管换成尖嘴玻璃管，点燃乙炔气体，在火焰上方罩一个干燥的洁净小烧杯，观察火焰颜色及烧杯内壁的变化。

【注意事项】

（1）中学有机实验多含加热操作，故需格外注意实验室安全，制取的气体在进行性质实验前务必要验纯。

（2）制备甲烷时，无水乙酸钠和市售碱石灰要做干燥处理。

（3）做乙烯和高锰酸钾反应的实验时，所用高锰酸钾溶液必须是稀释过的酸性高锰酸钾，否则会使溶液变成暗褐色。

（4）实验所用电石必须是块状的，粉末状电石反应太剧烈，无法控制。

（5）在用乙醇为原料制取乙烯时，需待反应液完全冷却后方可倒出，进行清洗，这是因为蒸馏烧瓶内剩余的酸遇水会发生喷溅，且该反应为放热反应，若立即用冷水清洗会使烧瓶炸裂。

【交流研讨】

（1）制取甲烷时为什么用无水乙酸钠，而不是乙酸钠晶体？为什么不直接加入 NaOH 固体，而是一定量的碱石灰？

（2）制取乙烯时浓硫酸的作用是什么？为什么要迅速升温到 170℃？

（3）制取乙炔，为什么不能用启普发生器？为什么必须用饱和食盐水？

（4）如何鉴别甲烷、乙烯、乙炔？

【实验改进】

一、甲烷的取代反应实验改进

甲烷和氯气的取代反应受到光照时间、强度等条件影响，导致实验现象短时间内不能显现。鉴于此，借助反应产物氯化氢气体在水中溶解性较大的特点，将其改为喷泉实验，可有效证明反应已发生。如图 2-21 所示取一只 250mL 圆底烧瓶，用排饱和食盐水集气法收集 4 体积氯气和 1 体积甲烷，用带有玻璃管的塞子塞紧瓶口，并将圆底烧瓶倒置于铁架台的铁圈上，日光直射一段时间后打开弹簧夹，观察实验现象。

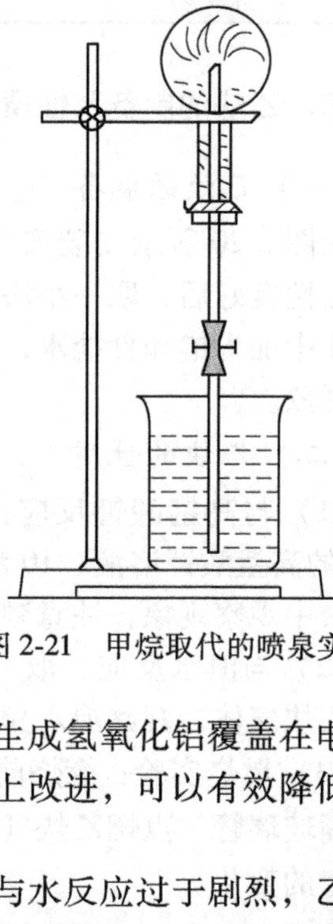

图 2-21 甲烷取代的喷泉实验

二、乙炔的制取实验改进

改进一：实验室用电石和水反应制备乙炔，在此过程中，会产生 H_2S、PH_3 等有害气体。在实验中产生乙炔的速度太快，不利于操作。改进如下：用铝箔包裹电石，减少电石与水的接触面积。同时用饱和硫酸铝溶液代替水，由于生成氢氧化铝覆盖在电石表面，减少水与电石的接触，还可吸收一部分有害气体。通过以上改进，可以有效降低反应速率，减少环境污染。

改进二：饱和食盐水与电石反应制取乙炔气体，由于乙炔与水反应过于剧烈，乙炔气流产生很不平稳，产生大量气泡，有时会涌入烧瓶口堵塞导管。同时，由于反应自身放热，反应过程中可能导致块状电石碎裂，使反应速率进一步加快。基于此，考虑加入乙醇“稀释”的方法减慢反应速率。由于乙醇的黏度比水大，且表面张力比水小，因而会降低水对电石的浸透能力，从而减慢电石与水的反应速率。

【评价细则】

“甲烷、乙烯、乙炔的制取与性质”实验操作评价细则见表2-7。

表2-7　“甲烷、乙烯、乙炔的制取与性质”实验操作评价细则（100分）

总分：__________

项　目	评 分 内 容	分值	A	B	C	D
甲烷制取	安装仪器，检查装置的气密性；准确称取药品；点燃酒精灯先预热，再集中加热试管底部；正确制取甲烷，注意收集气体操作正确	15				
甲烷性质	取代反应：正确组装仪器，并先后收集氯气和甲烷，比例合适；阳光下静置，现象明显	14				
	与高锰酸钾、溴水反应：操作正确，现象明显	4				
	燃烧实验：点燃前对甲烷气体进行验纯；在尖嘴导管口点燃甲烷，火焰上方罩一个干燥的烧杯，火焰呈蓝色，烧杯内壁有水珠	2				
乙烯制取	安装仪器，检查气密性；准确称取药品置于蒸馏烧瓶中混合均匀，将200℃的温度计插于液面以下；点燃酒精灯，正确进行实验	15				
乙烯性质	与高锰酸钾反应：操作正确，现象明显	4				
	与溴水反应：操作正确，现象明显	4				
	燃烧实验：点燃前进行验纯；在尖嘴玻璃管口处点燃气体，火焰上方罩一干燥的烧杯，火焰明亮有黑烟出现，烧杯内壁有水珠生成	4				
乙炔制取	正确安装仪器；检查装置的气密性；准确称取药品置于试管与分液漏斗内，缓缓旋转分液漏斗的活塞，正确进行实验	15				
乙炔性质	与溴水反应：操作正确，现象明显	4				
	与高锰酸钾反应：操作正确，现象明显	4				
	燃烧实验：点燃前进行验纯；在尖嘴玻璃管口点燃乙炔气体，火焰上方罩一个干燥洁净的小烧杯，火焰明亮有浓烈黑烟出现；烧杯内壁有小水珠生成	5				
结果讨论	及时记录实验数据，实验结束后进行小组讨论；团结协助共同完成实验任务	5				
清洗仪器、整理实验台	台面干净，无药品洒落；仪器摆放整齐，无破损	5				

注：A占总分的90%~100%，B占总分的70%~90%，C占总分的50%~70%，D占总分的0~50%。

实验六　铝及其化合物的性质

【实验目的】

（1）了解铝的性质及其氧化物、氢氧化物的两性。
（2）掌握铝热反应、沉淀的生成、离心、转移等实验操作技能。

【实验原理】

铝具有两性，其单质、氧化物以及氢氧化物都既能与强酸反应又能与强碱发生反应。铝热反应即铝粉和金属氧化物粉末按一定比例混合，用引燃剂点燃，反应剧烈，放出大量热，得到氧化铝和金属单质的反应。

$$8Al + 3Fe_3O_4 \xlongequal{高温} 4Al_2O_3 + 9Fe$$

【实验用品】

仪器：蒸发皿、试管、离心管、量筒、滴管、离心机、托盘天平、坩埚钳、三脚架、泥三角、镊子、细沙、砂纸、滤纸、玻璃棒、酒精灯、火柴、试管夹、脱脂棉。

药品：氯酸钾固体、四氧化三铁固体、铝片、镁条、硫粉、饱和氯化汞溶液、2mol/L的盐酸溶液、2mol/L 的氢氧化钠溶液、0.5mol/L 的硫酸铝溶液、浓氨水。

【实验内容】

一、演示实验——“毛刷”实验

将长 2cm 宽 1cm 的铝片表面用砂纸打磨，在盛有饱和 $HgCl_2$ 溶液的表面皿中浸泡半分钟，用镊子夹出并用脱脂棉将铝片表面吸干，放入干燥、洁净的试管中，观察实验现象。

解释：铝是一种较活泼的金属，表面易被氧化生成致密的氧化铝，保护内部的铝不会继续被氧化。毛刷实验中，铝的表面涂上氯化汞溶液后，氯化汞穿过保护层，与铝发生置换反应，生成液态金属——汞。汞在常温下与铝结合生成铝汞合金，俗称“铝汞齐”。生成铝汞齐后，铝失去氧化膜的保护作用，继续被氧化成白色的氧化铝，氧化铝在铝表面越积越多，形成“毛刷”。

二、铝与强酸、强碱溶液反应

取两支洁净的试管，放入打磨好的铝片，分别滴加 2mol/L 的盐酸溶液、2mol/L 的氢氧化钠溶液 6~7 滴。加热后，用燃着的火柴检验生成的气体。

三、氧化铝和氢氧化铝的两性

制备 $Al(OH)_3$：取一支离心管，加入 5mL 0.5mol/L 的硫酸铝溶液，滴加浓氨水（边滴加边振荡），直到不再产生沉淀为止。用离心机沉降氢氧化铝沉淀，倾倒上层溶液后，用蒸馏水洗涤沉淀，得到纯净的氢氧化铝。

（1）氧化铝的两性：将制得的氢氧化铝转移至蒸发皿中，加热，观察氢氧化铝的分解。将分解产物分成两份，一份滴加 2mol/L 的盐酸溶液，一份滴加 2mol/L 的氢氧化钠溶液，振荡并观察实验现象。

（2）$Al(OH)_3$ 的两性：将制得的氢氧化铝分装在两支试管中，一支试管滴加 2mol/L 的盐酸溶液，一支滴加 2mol/L 的氢氧化钠溶液，振荡并观察实验现象。

四、铝热反应

（1）称量药品：称取 5.0g 烘干的四氧化三铁和 2.0g 烘干的铝粉，混合均匀，制得铝热剂。称取 0.9g 氯酸钾、0.3g 铝粉、0.1g 硫粉，混合均匀，制得引燃剂。

（2）安装装置：用两层滤纸折成漏斗状，底部剪一小孔，用水浸湿，放在三脚架的泥三角中，下面放一盛沙子的铁盆承接分离出来的熔铁（图 2-22）。

（3）实验操作：将配置好的 1/4 铝热剂倒入纸漏斗中，再放 1/4 引燃剂，用点着的镁条触发引燃剂，观察现象。

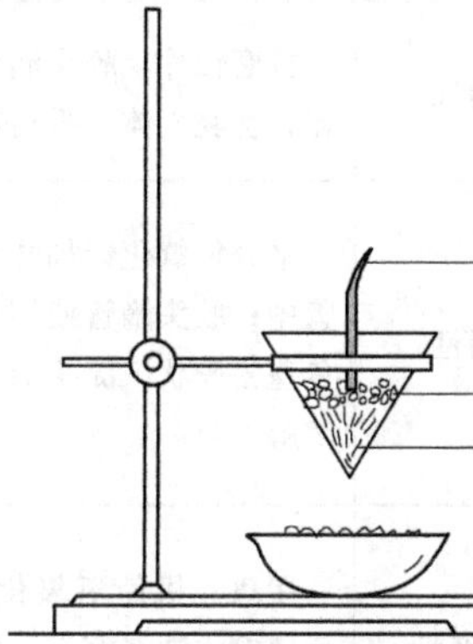

图 2-22　铝热反应

【注意事项】

（1）做完“毛刷”实验后，应立即洗手，反应液要妥善处理。

（2）制备氢氧化铝时应充分振荡，注意离心管的放置及离心机的使用。

（3）铝热反应中所用试剂必须干燥，试剂烘干后，冷却至室温方可混合。

（4）引燃剂用量不宜太多，否则燃烧时容易喷射；实验时，应远离他人和易燃物，以免发生意外。

【交流研讨】

（1）铝能否与水反应？氢氧化铝为什么不溶于浓氨水？

（2）引燃剂的作用机理是什么？还有什么物质可作为引燃剂？

（3）铝热反应的原理是什么？举例说明有哪些用途。

（4）氧化铝有多少种不同的晶型？分别有什么功能和用法？

【实验改进】

铝热反应实验改进

铝热法是利用金属铝的还原性获得高熔点金属单质的方法，铝热反应是基于铝热法使铝与某些金属氧化物（如三氧化二铁、四氧化三铁、二氧化锰等）在高热条件下发生的反应。铝热反应由于反应温度过高，致使熔融物飞溅，容易造成人身伤害。同时，由于反应速度过快，反应现象不够明显，导致该反应成功率往往较低。因此，做如下实验改进：将铝粉和氧化铁按照一定比例均匀混合后，在其表面涂抹一定量胶水，使其完全润湿，并将混合物均匀地涂抹在细铁丝上进行干燥备用。取一段镁条挂在细铁丝上，并用火柴点燃镁条，观察到火星四射，铁丝变粗。

【评价细则】

“铝及其化合物的性质”实验操作评价细则见表2-8。

表 2-8　“铝及其化合物的性质”实验操作评价细则（100分）

总分：＿＿＿＿

项　目	评分内容	分值	A	B	C	D
金属铝的两性	打磨铝片；胶头滴管使用正确；气体产生明显；检验气体，听到爆鸣声	20				
氧化铝的两性	平分氢氧化铝加热分解的产物，装于两支试管中；胶头滴管使用正确；滴加浓氨水时有白色蓬松胶状沉淀生成，两支试管中的氧化铝均溶解	20				
氢氧化铝的两性	用离心机使氢氧化铝沉降，吸取上部溶液，用蒸馏水洗涤沉淀，得到较纯的氢氧化铝；胶头滴管使用正确，现象明显	30				
铝热反应	正确称取药品；用两层滤纸折成漏斗状，底部剪一小孔，用水浸湿后，放在铁圈的泥三角中，下面放一层沙子承受分离出来的熔铁；用点着的镁条触发引燃剂；有铁珠落下	20				
结果讨论	及时记录实验数据，实验结束后进行小组讨论；团结协助共同完成实验任务	5				
清洗仪器、整理实验台	台面干净，无药品洒落；仪器摆放整齐，无破损	5				

注：A占总分的90%~100%，B占总分的70%~90%，C占总分的50%~70%，D占总分的0~50%。

实验七　氢氧化铁胶体的制备与性质

【实验目的】

（1）掌握实验室制取氢氧化铁胶体的方法及操作步骤。

（2）掌握制作鸡蛋内膜、牛皮纸半透膜的不同方法。

（3）熟练进行丁达尔现象、渗析、电泳、凝聚、胶体的保护等性质实验并掌握操作关键。

【实验原理】

将饱和的 $FeCl_3$溶液逐滴滴入沸水中，Fe^{3+}发生水解，得到 $Fe(OH)_3$ 胶体，反应方程式如下：

$$FeCl_3 + 3H_2O \xlongequal{\triangle} Fe(OH)_3(胶体) + 3HCl$$

胶体微粒的直径较大，对光发生散射，当一束强光照射时，可看到光亮的通路。胶体粒子的直径远大于溶液中的分子或离子，利用半透膜能透过小分子和离子，但不能透过胶体粒子，利用此可从溶胶中除掉小分子或离子。胶体微粒的表面积大，可吸附溶液中的带电离子，使胶粒带电，在外加电场的作用下，发生定向移动。向胶体中加入电解质或带相反电荷的溶胶，胶体的电荷被中和，胶粒会凝聚成较大颗粒而发生聚沉。向胶体中加入一定量的淀粉、明胶等高分子物质，可防止胶体的聚沉。

【实验用品】

仪器：烧杯、U 形管、试管、酒精灯、量筒、培养皿、直流电源、激光笔、托盘天平、铁架台及其附件、炭棒、石棉网、三脚架、导线、细线、火柴、胶头滴管、短木棒、自制的鸡蛋半透膜、经处理的牛皮纸半透膜。

药品：尿素、饱和 $FeCl_3$ 溶液、2mol/L 的 NaCl 溶液、0.001mol/L 的亚铁氰化钾溶液、0.001mol/L 的铁氰化钾溶液、0.01mol/L 的硫酸铝溶液、0.01mol/L 的硝酸钾溶液、5%的硝酸银溶液、1%的明胶溶液、甲基橙试剂。

【实验内容】

一、氢氧化铁胶体的制备

用烧杯取 75mL 蒸馏水加热煮沸，逐滴加入饱和三氯化铁溶液，继续加热煮沸至溶液呈深红褐色，停止加热后静置，得到氢氧化铁胶体。

二、半透膜的制备

（1）鸡蛋半透膜的制备：取一个鸡蛋，用 10%～15%的醋酸溶液浸泡 24h。具体操作为：在鸡蛋的一端打一个小口，小心搅拌，倒出蛋清和蛋黄，用蒸馏水洗净。加入一定量的蒸馏水，用系有细线的火柴梗将其竖直悬挂于铁架台上，将鸡蛋壳的三分之二浸泡在盛有醋酸溶液的小烧杯中。做实验之前将蛋壳泡软部分小心剥去，洗净备用。

（2）牛皮纸半透膜的制备：取一张牛皮纸，全部浸泡在稀硫酸中约 1.5min。用玻璃棒取出变软的牛皮纸，在清水中浸泡漂洗 3min 后，浸入 1∶1 的稀氨水中揉洗至 pH 值约为 7，使牛皮纸上的酸全部中和。

用制备好的两种半透膜进行胶体的性质实验。

三、胶体的性质

（1）丁达尔现象：将盛有氢氧化铁胶体的烧杯置于较暗的环境中，用激光笔照射，可观察到胶体中出现一条光亮的通路。

（2）渗析：将冷却的 $Fe(OH)_3$ 胶体用胶头滴管加入半透膜内，放在盛蒸馏水的烧杯中渗析 5min 后，用三支试管各取少量烧杯中的溶液，分别滴加 2～3 滴 $AgNO_3$ 溶液、$K_4[Fe(CN)_6]$溶液、甲基橙试剂，观察现象。

（3）电泳：用滴管取 7～8mL 经过渗析的氢氧化铁胶体于一小烧杯中，加入 2.0g 尿素，倒入 U 形管中。用滴管沿左右管口内壁交替加入 0.01mol/L 的硝酸钾溶液约 4cm，插入炭棒，通以 30V 的直流电压，15min 后，观察胶体和硝酸钾溶液高度的变化。

注意：硝酸钾溶液要交替加入，以保证液面相平；插入炭棒时离界面 1cm 左右；加入尿素时切忌搅拌。

（4）凝聚：取三支试管加入 3mL 经渗析的氢氧化铁胶体，分别加入 2mol/L 的 NaCl 溶液、0.01mol/L 的 $Al_2(SO_4)_3$ 溶液、0.001mol/L 的 $K_4[Fe(CN)_6]$溶液各 2mL，振荡并观察实验现象。

（5）胶体的保护：取三支试管各加入 3mL 经渗析的氢氧化铁胶体、1mL 的明胶溶液充分振荡，同步骤（4）分别加入 2mL 同浓度的 NaCl 溶液、$Al_2(SO_4)_3$ 溶液、$K_4[Fe(CN)_6]$溶液，振荡并观察实验现象。

【注意事项】

（1）制备氢氧化铁胶体时所用的水是沸腾的蒸馏水，加入的三氯化铁溶液不可过量，要逐滴滴入。

（2）加热烧杯时应垫石棉网，煮沸时间不宜过长，不可用玻璃棒搅拌，防止聚沉。

（3）渗析时，烧杯中蒸馏水的高度应高于半透膜的高度，向半透膜中滴加胶体时，不能使胶体溶液滴在半透膜外壁上，如有应立即用蒸馏水冲掉。

（4）电泳时，加硝酸钾溶液时要交替加入以保证液面相平，插入炭棒时液面离炭棒约 1cm，溶解时不得搅拌，可顺着一个方向转动烧杯。

（5）凝聚时，在用滴管取蛋壳内的渗析液时不能插入太深，防止捅破半透膜。

【交流研讨】

（1）在胶体制备过程中，能否用自来水代替蒸馏水？能否加入过量的三氯化铁溶液？

（2）电泳实验时，电压过高、过低会产生什么影响？加入硝酸钾和尿素的目的是什么？

（3）简述利用渗析法除去胶体中杂质离子的原理。

（4）比较牛皮纸与鸡蛋膜作半透膜的实验效果。还有哪些材料可制作半透膜？

【实验改进】

氢氧化铁胶体制备实验探究

1. 氢氧化钠溶液的最佳用量及最佳浓度探究

（1）配制一系列浓度的氢氧化钠溶液：0. 1mol/L、0. 2mol/L、0. 3mol/L、0. 4mol/L、0. 5mol/L、0. 6mol/L、0. 8mol/L、1. 0mol/L、1. 25mol/L、1. 5mol/L、2. 0mol/L、3. 0mol/L、4. 0mol/L。

（2）配置饱和氯化铁溶液：称取 100. 0g 氯化铁，置于装有 100mL 蒸馏水的烧杯中，用玻璃棒搅拌溶解。

（3）在 13 个小烧杯中分别加入 20mL 饱和氯化铁溶液，用胶头滴管分别向每个小烧杯中加入 5 滴一系列浓度的氢氧化钠溶液，滴加氢氧化钠溶液时一定要用玻璃棒不断搅拌。用激光笔观察实验现象，找出最佳浓度和最佳用量。若现象不明显，则可增加氢氧化钠溶液的滴数。

实验结论：氢氧化钠溶液的浓度为 1mol/L，滴入 10 滴为最佳浓度及最佳滴数。

2. 利用氢氧化钠溶液制氢氧化铁胶体的稳定时间

通过氢氧化钠溶液的最佳用量与最佳浓度，对氢氧化铁胶体的稳定性进行探究。探究胶体的最佳稳定时间的方法是：取一干净小烧杯，加入 20mL 饱和氯化铁溶液，滴入上述氢氧化钠溶液最佳用量及最佳浓度。每五分钟再按上述步骤制备一份氢氧化铁胶体，时间至 30min，用激光笔观察现象，并记录。

实验结论：氢氧化铁的最佳稳定时间为 14～16min。

【评价细则】

“氢氧化铁胶体的制备与性质”实验操作评价细则见表2-9。

表2-9 “氢氧化铁胶体的制备与性质”实验操作评价细则（100分）

总分：______

项 目	实验操作及评价	分值	A	B	C	D
$Fe(OH)_3$胶体制备	取75mL蒸馏水，加热至沸；加热时垫有石棉网；逐滴加饱和的$FeCl_3$溶液，保证滴加不过量；不能用玻璃棒搅拌；继续煮沸，有红褐色胶体出现	20				
丁达尔效应	操作正确，看到光亮的通路	15				
渗 析	半透膜制作得当；氢氧化铁小心倒入半透膜；烧杯中蒸馏水的高度高于半透膜的高度；滴加溶液无泄漏，胶头滴管使用正确；对比度大，易于观察	15				
电 泳	向U形管中滴加氢氧化铁胶体缓慢，左右滴加，液面高度一致；插入炭棒电极时，与氢氧化铁胶体液面相隔1cm；界面清晰；不能用玻璃棒搅拌；实验结束，液面出现高度差；能合理解释实验现象	10				
凝 聚	滴加溶液顺序正确；滴加溶液无泄漏，胶头滴管使用正确；胶体出现凝聚现象；能合理解释实验现象	15				
胶体的保护	操作正确；半透膜保持完好	15				
结果讨论	及时记录实验数据，实验结束后进行小组讨论；团结协助共同完成实验任务	5				
清洗仪器、整理实验台	台面干净，无药品洒落；仪器摆放整齐，无破损	5				

注：A占总分的90%~100%，B占总分的70%~90%，C占总分的50%~70%，D占总分的0~50%。

实验八　阿伏伽德罗常数的测定

【实验目的】

（1）掌握单分子膜法测定阿伏伽德罗常数的推导过程。

（2）掌握毛细滴管的制作、培养皿的洗涤及滴数的控制等操作关键。

【实验原理】

阿伏伽德罗常数 N_A 的含义是 1mol 任何粒子所含的粒子数。国际上规定：1mol 粒子集体所含的粒子数与 0.012kg ^{12}C 中所含的 C 原子数相同，约为 6.02×10^{23} 个。实验室测定阿伏伽德罗常数的常用方法是单分子膜法。苯具有挥发性，将硬脂酸苯溶液滴在水面上，立即展开。当苯挥发以后，硬脂酸留在水面上。由于硬脂酸的羧基是亲水基，而长链的烷基是疏水基，因而羧基会伸入水中，烷基会伸出水面。当硬脂酸分子扩散而布满水面时，它们便相互靠拢，全部分子都竖立起来，这样就形成了一层单分子膜。

可利用以下公式计算阿伏伽德罗常数（N_A）：

$$N_A = \frac{MSV}{mAV_d(d-1)}$$

式中　M——硬脂酸的摩尔质量（M=284g/mol）；

S——单分子膜面积，也就是培养皿中水的表面积，cm^2；

V——实验中配制的苯溶液的总体积（50mL）；

m——试验所称取的硬脂酸的质量，g；

A——每个硬脂酸分子的有效截面积（$2.2\times10^{-15}cm^2$）；

V_d——每滴硬脂酸苯溶液的体积，mL；

d——硬脂酸苯溶液的滴数。

【实验用品】

仪器：称量瓶、分析天平、烧杯、玻璃棒、容量瓶（100mL）、毛细滴管、量筒（5mL）、培养皿、内卡规、直尺。

药品：硬脂酸固体、苯溶液、碳酸钠粉末。

【实验内容】

一、毛细滴管的制作

取一根干燥的玻璃管置于酒精喷灯上煅烧，双手水平转动，待软化后迅速离开酒精喷灯，拉细受热部位。竖直垂吊几秒后轻轻地放在实验台上，冷却后从中间折断。加热滴管粗口，软化后在小木板上用力按一下使粗口外翻，冷却后套上胶帽。

毛细滴管的检验：选用 5mL 的量筒，用自制的毛细滴管吸取蒸馏水滴入 1mL，当滴数在 100～150 时，所拉制的滴管符合要求。也可以使用输液管（针头规格 0.45mm×

13.5mm）代替毛细滴管。

二、硬脂酸苯溶液的配置

取一个干燥的小烧杯，采用差量法称取 20.0mg 左右的硬脂酸，用少量苯溶解后转移至 50mL 干燥洁净的容量瓶中，用苯冲洗烧杯 2～3 次一并加入容量瓶中，滴加苯至刻度线，摇匀。由于苯具有挥发性，故配好的溶液随取随用，用完后塞好塞子。

三、测定培养皿中水的表面积

将培养皿平放在实验桌上，加自来水至培养皿内壁中部，在培养皿外壁沿水面的边缘贴一圈胶带，用内卡规外角从不同的三个方位量取培养皿贴胶带处的内径，由此可求出培养皿中水的面积，即单分子膜的面积（注意测量时保持内卡规两角在同一水平面上，测量过程不要移动培养皿）。

四、测定每滴硬脂酸苯溶液的体积

用润洗过的毛细滴管吸取配制好的硬脂酸苯溶液，垂直悬空滴入 5mL 量筒中，数出滴入 1mL 溶液的滴数，平行测定 3 次，取平均值，计算每滴液体的体积 V_d。

五、测定形成硬脂酸单分子膜所需硬脂酸苯溶液的滴数 *d*

向干净的培养皿中加自来水至培养皿内壁中部，用选定的毛细滴管吸取已配制好的硬脂酸苯溶液，自培养皿中心上方垂直滴下，液滴的速度不宜过快（每次滴入前，都要等待前一滴溶液中的苯全部挥发后再滴入）。挤压胶头时手指用力均匀，保证每次滴下的液滴体积大小相同，直到滴到最后一滴水面出现不扩散的小液滴时记下滴数。

六、清洗培养皿

先用热水清洗培养皿，用碳酸钠粉末擦拭数次，再用自来水冲洗至洗净为止。若培养皿内壁不挂水珠则说明清洗干净。

注意：不要用洗衣粉洗涤，重复实验时，用同一培养皿。

将实验数据记于表 2-10 中。

表 2-10　实验数据

项　目	1	2	3	平均值
苯溶液的体积 V/mL				
培养皿内径 $2r$/cm				
硬脂酸的质量 m/g				
1mL 硬脂酸苯溶液的滴数				
1 滴硬脂酸苯溶液的体积 V_d/mL				
滴在水面的硬脂酸溶液滴数 d				
硬脂酸的摩尔质量/$\mu g \cdot mol^{-1}$				
每个硬脂酸分子的有效截面积/cm^2				
阿伏伽德罗常数 N_A				

【注意事项】

（1）苯具有挥发性，所以配好的溶液随取随用，用完要及时塞好塞子。

（2）测量时保持内卡规两角在同一水平面，不要移动培养皿。

（3）不要用洗衣粉洗涤培养皿，因为其成分和硬脂酸相似，会影响实验结果。

（4）滴液时，将滴管垂直悬空在量筒上方，手指挤压用力要均匀，保证滴下的体积大小相同。

（5）滴加硬脂酸苯溶液要等苯全部挥发，硬脂酸全部扩散至看不到油珠时再滴第二滴，尤其是最后一两滴扩散很慢，要等待几分钟。

【交流研讨】

（1）计算公式中为什么是 $d-1$ 而不是 d?

（2）如何测定从胶头滴管滴出的每滴硬脂酸苯溶液的体积?

（3）在清洗培养皿时为什么不能用洗衣粉和洗涤剂?

（4）在向培养皿中滴入硬脂酸苯溶液时为什么不能移动培养皿?

（5）计算每滴硬脂酸苯溶液体积时，为什么要从 1mL 刻度处开始记录滴数。

【实验改进】

电解法测定阿伏伽德罗常数

用两块已知质量的铜片分别作为阴极和阳极，以 $CuSO_4$溶液作电解液进行电解。从理论上讲，阴极上 Cu^{2+}离子得到的电子数和阳极上 Cu 失去的电子数应该相等。因此在无副反应的情况下，阴极增加的质量应该等于阳极减少的质量。但往往因铜片不纯，阳极减少的质量要比阴极增加的质量略高，所以从阳极失重算得的结果有一定误差，一般通过阴极增重的结果计算较为准确。故需要测量的量包括：电流强度 I、通电时间 t、阴极增重的质量 m。通过的总电量为 $Q=It$，又知每个电子的电量为 1.602×10^{-19} C，故 $N_A=(It\times63.5)/(\Delta m\times2\times1.602\times10^{-19})$，其中 Δm 为阴极增重的质量。实验步骤：取薄纯铜片两片，一片作阴极，一片作阳极。分别用砂纸打磨除去表面氧化物，然后用水清洗，再用酒精棉球擦拭，在电子天平上准确称量质量；如图连接装置，在烧杯中加入硫酸铜溶液，阴极和阳极用图钉固定在小木块上，保持一定距离，并用导线连接。通电 60min 后，取下铜片，放入水中清洗，再用酒精棉球轻轻擦拭干净后准确称量质量。图 2-23 所示为电解法测定阿伏伽德罗常数示意图。

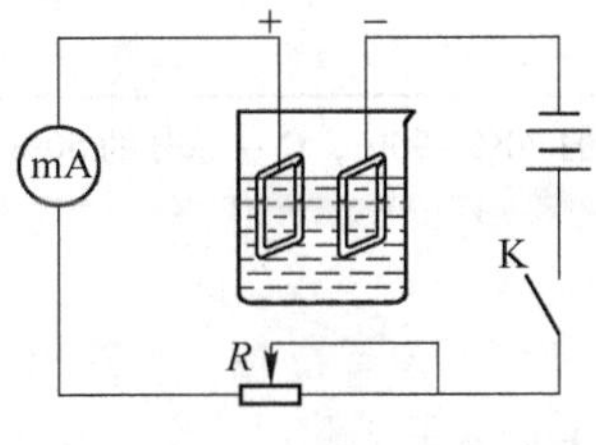

图 2-23　电解法测定阿伏伽德罗常数

【评价细则】

"阿伏伽德罗常数的测定"实验操作评价细则见表2-11。

表2-11　"阿伏伽德罗常数的测定"实验操作评价细则（100分）

总分：______

项　目	评 分 内 容	分值	A	B	C	D
准确测定水槽内径	用内卡规从三个不同方位准确量出水槽内径，取平均值。在水槽上做记号，以后每次实验盛水至记号处	20				
量准液滴的体积 V_d	吸取一定体积的硬脂酸苯溶液，逐滴滴入小量筒中，在1～2mL刻度线之间记录滴数，计算出硬脂酸苯溶液的体积 V_d，如此重复2～3次，取平均值	30				
测定硬脂酸苯溶液的滴数	用上述胶头滴管，吸入已配置好的硬脂酸苯溶液，在水槽中心位置的上方向水面滴液，滴速均匀，准确控制滴入下一滴的时间。重复操作直到滴入一滴后，硬脂酸苯溶液不再扩散，记下滴到水面的硬脂酸苯溶液的滴数 d，进行重复实验，将数据计入表中	30				
结果讨论	及时记录实验数据，实验结束后进行小组讨论；团结协助共同完成实验任务	10				
清洗仪器、整理实验台	台面干净，无药品洒落；仪器摆放整齐，无破损	10				

注：A占总分的90%～100%，B占总分的70%～90%，C占总分的50%～70%，D占总分的0～50%。

实验九　硝酸钾在水中溶解度的测定

【实验目的】

（1）掌握结晶析出法测硝酸钾溶解度的原理和操作技能。

（2）正确绘制固体溶解度曲线并分析误差原因。

【实验原理】

溶解度是指在一定温度下，某固态物质在100g溶剂里达到饱和状态时所溶解的质量（单位为克）。表示为：

某物质在T温度下的溶解度=（饱和溶液中某物质的质量(g)/饱和溶液中溶剂的质量(g)）×100g

由上式可知，测定某固体物质的溶解度，需测知某物质在配制成饱和溶液时的温度、饱和溶液中某物质的质量和溶剂的质量，可通过结晶析出法测定。固定溶质和溶剂两者的质量，测定制成的溶液处于饱和状态（开始析出结晶时）的温度，从而计算出所测温度下某物质的溶解度。

【实验用品】

仪器：托盘天平、烧杯（250mL）、烧杯（50mL）、试管（35mm×130mm，带双孔塞）、温度计、量筒、移液管（5mL）、铁架台。

药品：硝酸钾（已经烘去水分并研细）。

【实验内容】

一、玻璃搅拌器和双孔塞的制作

（1）玻璃搅拌器：用酒精喷灯加热玻璃管至软化，将一端压扁后弯曲。

（2）凹口的双孔塞：制作双孔塞，将其中一孔的侧面切成三角凹口，便于观察温度计读数。

二、连接装置

如图2-24所示按从下往上的顺序连接装置。取一支洁净干燥的试管，调节好高度并固定。用托盘天平称取6g KNO_3晶体，由纸槽送入试管底部，用移液管准确移取5.0mL蒸馏水注入试管中，塞紧橡皮塞。观察温度计水银球是否在液面下部，搅拌器是否在水银球下方。将试管放入已装有适量水的烧杯中，注意试管内液面要低于烧杯内液面。

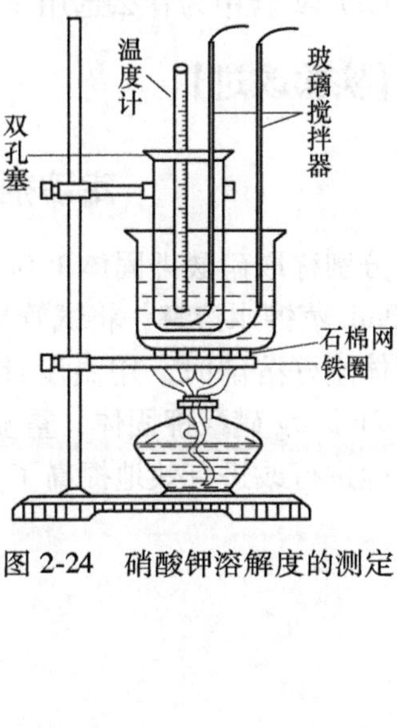

图2-24　硝酸钾溶解度的测定

三、溶解固体

用酒精灯加热烧杯，同时均匀转动玻璃搅拌器，至固体全部溶解（搅拌速度要均匀，力度不宜过强，且不要接触到温度计，及时熄灭酒精灯）。取下试管，继续搅拌，使试管中的溶液缓缓降温，同时观察温度计的变化，一旦有晶体出现，立即读数并记录。为了保证结果的准确度，要重复加热、降温、结晶，直到两次温度差不超过0.5℃为止。用移液管准确移取1.0mL蒸馏水注入试管中增加溶剂的量，重复以上操作，每次增加1mL蒸馏水，依次测定溶剂为7mL、8mL、9mL、10mL、…至硝酸钾析出晶体时温度为30℃左右为止。

四、计算溶解度

根据所得数据，计算硝酸钾在不同温度下的溶解度。以温度为横坐标，溶解度为纵坐标，绘制硝酸钾的溶解度曲线。

【注意事项】

（1）量液，称量要准确，观察晶体析出温度要准确。
（2）试管和烧杯内的液面要内低外高，温度计在液面下部。
（3）温度计不与试管和搅拌器接触。
（4）搅拌时力度不宜过强，匀速搅拌。
（5）及时补液，每次加水后及时控制温度，防止液体的挥发。

【交流研讨】

（1）固体溶解度随温度的升高如何变化？请举例说明。
（2）分析减少实验误差的方法。
（3）分析影响物质溶解度的因素。
（4）以“溶解度曲线的意义”为题设计一个教学片段。
（5）实验中为什么选用2支玻璃搅拌器？

【实验改进】

定溶剂结晶析出法测定硝酸钾的溶解度

分别称取硝酸钾固体1.0g、1.5g、2.0g和2.5g，首先将2.5g硝酸钾加入试管中，并用10mL蒸馏水溶解，将试管置于水浴中加热同时用玻璃棒搅拌使硝酸钾固体全部溶解。当固体刚好溶解时，用温度计测定硝酸钾溶液溶解温度。之后依次向试管中加入1.0g、1.5g和2.0g硝酸钾固体，重复上述实验过程，记录温度，绘制硝酸钾溶解度曲线。通过对实验进行改进有效地提高了分析结果的准确度，节约了药品，减少了仪器的使用数量。

【评价细则】

"硝酸钾在水中溶解度的测定"实验操作评价细则见表2-12。

表2-12　"硝酸钾在水中溶解度的测定"实验操作评价细则（100分）

总分：__________

项　目	评 分 内 容	分值	A	B	C	D
1	按从下向上的顺序正确连接实验装置。注意试管上配的是双孔带缺口的橡皮塞，温度计插在带缺口的这一个孔内，温度计刻度向外	15				
2	用电子台秤准确称取 KNO_3 晶体后用纸槽送入试管底部，用移液管准确移取5.0mL蒸馏水于试管中，塞紧橡皮塞。观察温度计水银球是否在液面下部，搅拌器是否在水银球下方。将试管放入已装有适量水的烧杯中，要注意试管内的液面要低于烧杯内的液面	20				
3	用酒精灯加热烧杯，同时转动玻璃搅拌器，搅拌速度均匀，直到固体全部溶解，停止加热	20				
4	取下试管，继续不断搅拌，使试管中的溶液缓缓降温，同时观察温度计的变化，一旦有晶体出现，立即读数并记录（要注意读数的方法）。要重复加热、降温、结晶，直到两次温度差不超过0.5℃为止（此时不需要补液），将结果记录到表格中，取平均值	20				
5	增加溶剂的量，用移液管准确移取1.0mL蒸馏水注入试管中，按同样方法每次增加1mL蒸馏水，依次测定溶剂为7mL、8mL、9mL、10mL时 KNO_3 析出晶体时的温度	15				
结果讨论	及时记录实验数据，实验结束后进行小组讨论；团结协助共同完成实验任务	5				
清洗仪器、整理实验台	台面干净，无药品洒落；仪器摆放整齐，无破损	5				

注：A占总分的90%~100%，B占总分的70%~90%，C占总分的50%~70%，D占总分的0~50%。

实验十 电解质溶液的性质

【实验目的】

（1）掌握离子迁移、电解水、电解饱和食盐水、电解氯化铜的实验操作。

（2）探究浓度、电压、电极对电解质溶液电解速率的影响。

（3）运用生活中的保险丝、回形针、铁片等自制电极。

【实验原理】

电解质溶液在直流电场的作用下，溶液中的阴离子向阳极移动，阳离子向阴极移动。

电解饱和食盐水的反应方程式为：

阳极：$2Cl^- - 2e^- = Cl_2 \uparrow$

阴极：$2H^+ + 2e^- = H_2 \uparrow$

总反应方程式：$2NaCl + 2H_2O \xlongequal{电解} 2NaOH + H_2 \uparrow + Cl_2 \uparrow$

电解氯化铜溶液的反应方程式为：

阳极：$2Cl^- - 2e^- = Cl_2 \uparrow$

阴极：$Cu^{2+} + 2e^- = Cu$

总反应方程式为：$CuCl_2 \xlongequal{电解} Cu + Cl_2 \uparrow$

电解水的反应方程式为：

阳极：$4OH^- - 4e^- = O_2 \uparrow + 2H_2O$

阴极：$4H^+ + 4e^- = 2H_2 \uparrow$

总反应方程式为：$2H_2O \xlongequal{电解} 2H_2 \uparrow + O_2 \uparrow$

【实验用品】

仪器：自制H形管（具支滴定管）、小烧杯、U形管、漏斗、量筒、尖嘴玻璃管、滴定管、直流稳压电源、铁架台及附件、铁钉电极、回形针电极、保险丝电极、弹簧夹、导线、炭棒电极、橡皮塞、托盘天平、橡皮管、小试管、玻璃棒、火柴、酒精灯。

药品：稀盐酸、1∶7的硫酸溶液、1∶10的硫酸溶液、饱和硫酸铜溶液、饱和食盐水、0.3%的高锰酸钾溶液、0.1%的稀硫酸酸化的硝酸钾溶液、1mol/L的氯化铜溶液、酚酞试剂、淀粉碘化钾试纸、尿素、10%的氢氧化钠溶液。

【实验内容】

一、离子迁移

（1）取一洁净的烧杯，倒入8mL饱和硫酸铜溶液和3mL 0.3%的高锰酸钾溶液，再加2g尿素，搅拌直至尿素完全溶解。

（2）将上述配制好的混合液倒入U形管，用滴定管沿U形管壁缓慢交替地向左右两管中加入约 10mL 酸化的 0.1%的硝酸钾溶液，两边高度各约 4cm，保证界面清晰（图 2-25）。

（3）在 KNO_3 溶液中插入炭棒电极，距混合液面约 1cm，通 12V 直流电 10min 后，观察现象。

二、电解饱和食盐水

（1）在 U 形管中注入饱和食盐水至 U 形管体积 3/4 处。分别插入铁片、炭棒电极，铁片与电源负极相连，炭棒与电源正极相连。通电前在阴极区滴入 2 滴酚酞试液，检验阴极的电解产物。

（2）通 12V 直流电 10min，观察阴极区溶液颜色的变化；用湿润的淀粉碘化钾试纸检验阳极区产生的气体；用小试管收集阴极区产生的气体，在酒精灯前点燃，观察现象（图 2-26）。

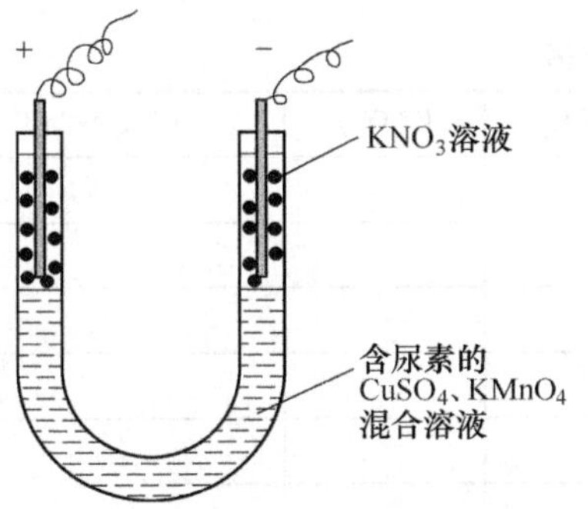

图 2-25　离子迁移

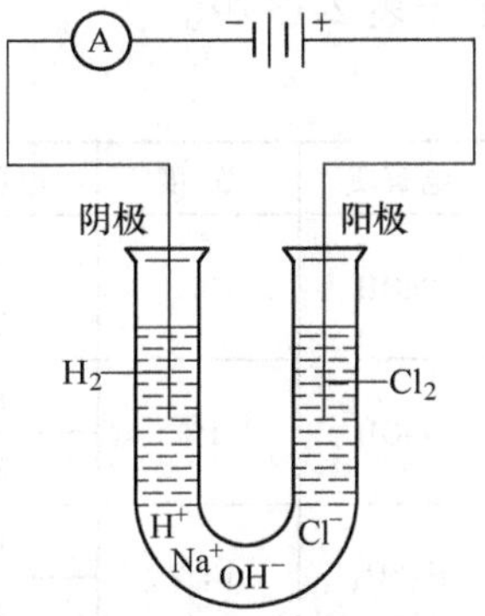

图 2-26　电解饱和食盐水

三、电解氯化铜溶液

（1）在 U 形管中注入 15mL 用稀盐酸酸化的 $CuCl_2$ 溶液，炭棒作电极，通 12V 直流电，观察阳极气体放出情况。用湿润的淀粉碘化钾试纸检验阳极气体。

（2）电解一段时间后，停止实验，观察现象。

四、电解水

（1）电极的制作：

1）回形针电极制作：配套的橡皮塞，穿入铜丝，连接回形针（将回形针表面的氧化膜打磨干净）；

2）保险丝电极制作：配套的橡皮塞，穿入铜丝，连接保险丝（将保险丝对折，拧成麻花状）；

3）铁片电极的制作：配套的橡皮塞，穿入铜丝，连接铁片（将铁片剪成约 1cm 宽、2.5cm 长）。

（2）按图 2-27，连接装置图（炭棒作正极，铁片作负极）。打开活塞，从漏斗向 H 形管中注入 10%的氢氧化钠溶液，调节液面高度达到零刻度，分别通 12V、24V 直流电观察电解速率。通电约 2~3min 后，关闭电源。打开两管活塞，放出产生的气体，再调整液面高度到零刻度处。

（3）重新开启电源，通 12V 直流电 15min 后关闭电源。观察两极产生气体情况，待两管无气泡时记录两极气体体积。夹住止水夹，打开活塞，用小试管收集阴极区产生的气体，在酒精灯上点燃，做爆鸣实验。然后用带火星的木条检验另一管中的气体，观察现象。

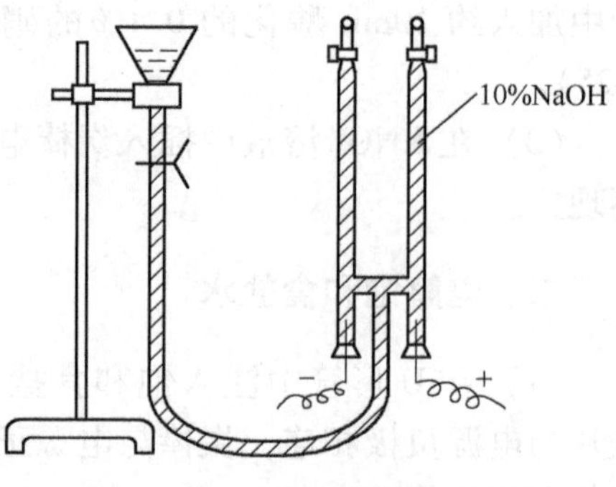

图 2-27 电解水

（4）换回形针做电极材料，分别做 12V 与 24V 的对比实验，步骤同上。比较铁片与回行针作电极时的电解速率。

（5）分别用 1∶10 与 1∶7 的硫酸作电解质溶液，保险丝做电极，重复进行实验。将实验结果记录于表 2-13 中。

表 2-13 实验数据表格

电 极	电解质	浓 度	电压/V	时间/min	$V(H_2)$	$V(O_2)$	$V(H_2)/V(O_2)$
铁 片	NaOH	1%	12	15			
			24				
回形针	NaOH	1%	12	15			
			24				
保险丝	H_2SO_4	1∶7	12	15			
			24				
保险丝	H_2SO_4	1∶10	12	15			
			24				

【注意事项】

（1）做离子迁移实验时，待尿素完全溶解再加入 U 形管中。

（2）配制 $CuCl_2$ 溶液时加入几滴稀 HCl，防止 $CuCl_2$ 水解。

（3）自制电极表面要打磨干净，彻底除去表面的氧化膜。

（4）电解水时，电解液浓度选择、电压调节均从小到大进行。

（5）硝酸钾浓度要小，使混合液保持清晰界面；左右交替加入，保证两侧液面近乎一致。

【交流研讨】

（1）向溶液中加入尿素的作用是什么？是否可用其他物质代替？

（2）电解饱和食盐水时为什么须先除去 Ca^{2+} 和 Mg^{2+}？

（3）简述电解水时电解质溶液浓度和电压的最佳条件。

（4）做离子迁移实验时，为什么加入的硝酸钾溶液要酸化？为什么左右交替加入？

（5）分析电解水实验时气体体积比大于 2∶1 的原因。为减小误差，可采取哪些措施？

【实验改进】

一、电解水实验改进

将长颈漏斗、铜丝电极、带玻璃珠的尖嘴玻璃弯管（也可用报废的碱式滴定管）插到三孔橡胶塞上，并固定于U形管管口（图2-28）。优点：将燃着的火柴放在与负极相连的玻璃尖嘴处，挤压玻璃珠，尖嘴处会有火焰喷出，现象明显。将带火星的火柴放在与正极玻璃尖嘴处，挤压玻璃珠，带火星的火柴复燃。用改进后的装置电解水，电解速度快，检验生成气体的现象十分明显。

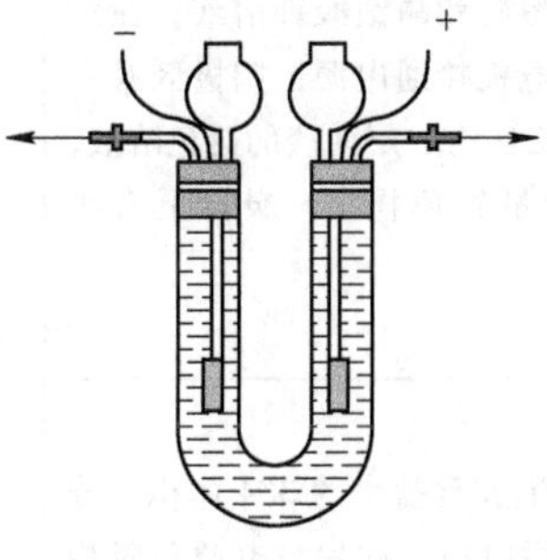

图2-28　电解水改进实验

二、电解饱和食盐水实验改进

如图2-29连接实验装置。安装过程中应注意：将电极与试管连接（防止试管口漏液），先将试管倒立从试管底部的小口加入饱和食盐水和几滴酚酞试液，加满后将试管正立于盛有饱和食盐水的烧杯中。接通电源，观察到阴阳两极同时产生气体，阴极区无色液体逐渐变成红色。当阴极试管中的液体被排出一段时间后停止电解（建议保留一部分液体，便于观察现象和验证气体），此时阳极试管产生黄绿色气体。将小试管取出，观察实验现象。由于空气压力的作用，试管中残留的液体不会滴下来，收集的气体也不会逸出。

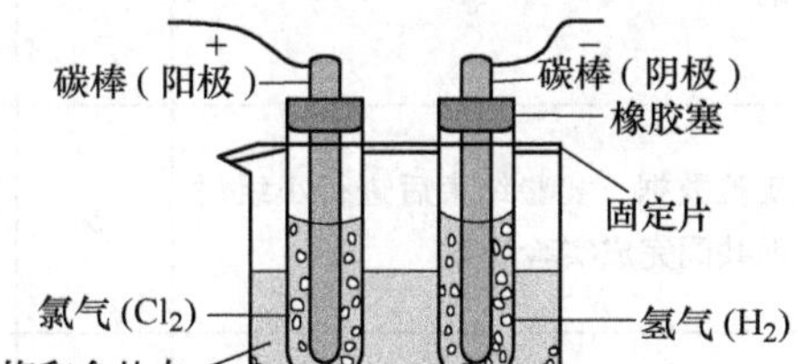

图2-29　电解饱和食盐水实验改进

【评价细则】

"电解质溶液的性质"实验操作评价细则见表2-14。

表2-14 "电解质溶液的性质"实验操作评价细则（100分）

总分：＿＿＿＿

项目	评分内容	分值	A	B	C	D
离子移动	取一支洁净的15mm×150mm U形管，正确倒入含尿素的硫酸铜溶液和高锰酸钾溶液；在距分界面2cm处插入电极接通电源；阳极区有一层紫红色溶液，阴极区有一层淡淡的蓝色溶液，炭棒上附有一层少量红色物质，炭棒上有小气泡	30				
电解饱和食盐水	在U形管中注入饱和食盐水约3/4体积，分别插入铁片，炭棒做电极，铁片与电源负极相连，炭棒与电源正极相连，电解前在阴极区滴入两滴酚酞溶液，变红；接通低压直流电源20V，观察到阴极区的溶液变为红色，用湿润的淀粉碘化钾试纸检验阳极区的气体，变蓝	30				
电解氯化铜	在U形管中注入用稀盐酸酸化的1mol/L的$CuCl_2$溶液约3/4管，插入炭棒做电极，接通直流电源，阳极有气体产生，用湿润的淀粉碘化钾试纸检验，变蓝；取出阴极的炭棒，镀上一层红色的铜	30				
结果讨论	及时记录实验数据，实验结束后进行小组讨论；团结协助共同完成实验任务	5				
清洗仪器、整理实验台	台面干净，无药品洒落；仪器摆放整齐，无破损	5				

注：A占总分的90%~100%，B占总分的70%~90%，C占总分的50%~70%，D占总分的0~50%。

实验十一　化学沉淀法去除粗盐中的杂质离子

【实验目的】

（1）掌握过滤、蒸发、结晶和蒸馏实验方法和操作过程。

（2）熟练进行粗盐提纯实验并掌握操作关键。

（3）能够灵活应用沉淀法去除杂质离子实现物质净化。

【实验原理】

粗盐提纯，即将粗盐中含有的泥沙等不溶性杂质和钙镁离子等可溶性杂质去除的过程。提纯过程中加入的试剂称为沉淀剂，此方法称为“沉淀法”。粗盐提纯过程中为了使杂质离子完全去除，往往加入过量沉淀剂，此过程必然引入其他杂质离子，因此，如何选择和设计沉淀剂的加入量和顺序是能否有效实现粗盐提纯的关键。

除杂方案：$BaCl_2 \rightarrow NaOH \rightarrow Na_2CO_3 \rightarrow$过滤$\rightarrow$盐酸$\rightarrow$蒸发

主要的化学反应方程式：

$$BaCl_2+Na_2SO_4 = 2NaCl+BaSO_4\downarrow$$

$$2NaOH+MgCl_2 = 2NaCl+Mg(OH)_2\downarrow$$

$$Na_2CO_3+CaCl_2 = 2NaCl+CaCO_3\downarrow$$

$$Na_2CO_3+BaCl_2 = 2NaCl+BaCO_3\downarrow$$

$$Na_2CO_3+2HCl = 2NaCl+H_2O+CO_2\uparrow$$

$$NaOH+HCl = NaCl+H_2O$$

【实验用品】

仪器：烧杯（50mL）、烧杯（250mL）、玻璃棒、三脚架、石棉网、天平、量筒（50mL）、酒精灯、漏斗、滤纸、蒸发皿、火柴、坩埚钳、胶头滴管、药匙、研钵。

药品：粗食盐（含杂质）、2mol/L 盐酸、1mol/L 氯化钡溶液、1 mol/L 氢氧化钠溶液、饱和碳酸钠溶液、pH 试纸、蒸馏水。

【实验步骤】

（1）称量：用天平称取 5.0g 粗盐，在研钵中研成粉末状，用量筒量取 20mL 蒸馏水。

（2）溶解：将量取的 5.0g 粗盐加水 20mL 溶解于 50mL 烧杯中置于隔着石棉网的三脚架上加热、搅拌，加速食盐的溶解。

（3）除去 SO_4^{2-}：加热溶液近沸腾，加入 1mol/L 氯化钡溶液 2～3mL，待沉淀完全沉降，向上层清液中滴加 1～2 滴氯化钡溶液，仔细观察，溶液无浑浊，表明 SO_4^{2-} 已除尽。如果出现浑浊，继续加入 1mL 氯化钡溶液，重复上述操作，直到 SO_4^{2-} 除尽为止。

（4）除去 Mg^{2+}：加热上述烧杯中溶液近沸腾，边搅拌边滴加 1mol/L 氢氧化钠溶液，直到不再产生沉淀为止。待沉淀全部沉降，在上层清液中，滴加 1～2 滴氢氧化钠溶液，仔细观察，溶液无浑浊，表示 Mg^{2+}已除尽。

（5）除去 Ca^{2+} 和 Ba^{2+}：在上述溶液中滴加饱和碳酸钠溶液，直到不再产生沉淀为止。在上层清液中，滴加1~2滴饱和碳酸钠溶液，仔细观察，溶液无浑浊，表示 Ca^{2+} 和 Ba^{2+} 已除尽。如果出现浑浊，继续加入饱和碳酸钠溶液，重复上述操作，直到 Ca^{2+} 和 Ba^{2+} 除尽为止。

（6）过滤：过滤烧杯中物质，除去不溶性杂质。

（7）除去 CO_3^{2-}：待滤液冷却后在上述滤液中滴加2mol/L盐酸，直到溶液不产生气泡并调整溶液pH值为7。

（8）蒸发结晶：将滤液转移到蒸发皿中，加热搅拌至有大量晶体析出时停止加热，利用余热使溶液蒸干。

（9）计算：用天平称量精盐并计算粗盐的提纯率。

【注意事项】

（1）安装过滤装置时，滤纸折叠角度要与漏斗内壁口径吻合，使湿润的滤纸紧贴漏斗内壁且无气泡。

（2）过滤时，滤纸的边缘略低于漏斗的边缘，滤液的液面低于滤纸边缘，烧杯嘴靠在倾斜的玻璃棒上，玻璃棒下端靠在三层滤纸一边，漏斗颈部的尖嘴紧靠接收滤液的接受器内壁。

（3）蒸发时将蒸发皿放在铁圈上，用小火加热，以防溶液溅到他人或者自己。

（4）滤液倒入废液缸，氯化钠晶体进行回收，整理实验器材，保持实验桌面干净整洁。

【实验记录和计算】

粗盐的质量：________g；

精盐的质量：________g；

提纯率：________%。

粗盐的提纯率=（精盐的质量÷粗盐的质量）×100%

【交流研讨】

（1）为什么5.0g粗盐要量取20mL蒸馏水来溶解？试通过计算回答（食盐常温下的溶解度约36g）。

（2）粗盐提纯过程中，几次用到玻璃棒，每次的作用各是什么？

（3）当粗盐中的可溶性杂质都是微量的时候，可以用什么方法除去？

（4）如果将除杂顺序调整为 Na_2CO_3→NaOH→$BaCl_2$→过滤→盐酸→蒸发，分析除杂效果。

【实验改进】

化学沉淀法去除粗盐中的杂质离子实验改进

改进方案一：NaOH→$BaCl_2$→Na_2CO_3→过滤→盐酸→蒸发。

（1）重复实验步骤（1）和（2）。

（2）除去 Mg^{2+}：加热上述烧杯中溶液近沸腾，边搅拌边滴加 1mol/L 氢氧化钠溶液，直到不再产生沉淀为止。待沉淀全部沉降，在上层清液中，滴加 1~2 滴氢氧化钠溶液，仔细观察，溶液无浑浊，表明 Mg^{2+} 已除尽。如果出现浑浊，继续加入 1mL 1mol/L 氢氧化钠溶液，重复上述操作，直到 Mg^{2+} 除尽。

（3）除去 SO_4^{2-}：继续加热溶液近沸腾，加入 1mol/L 氯化钡溶液 2~3mL。继续加热上述悬浊液 1~2min。待沉淀完全沉降，往上层清液中滴加 1~2 滴氯化钡溶液，仔细观察，溶液无浑浊，表明 SO_4^{2-} 已除尽。如果出现浑浊，继续加入 1mL 1mol/L 氯化钡溶液，重复上述操作，直到 SO_4^{2-} 除尽为止。

（4）除去 Ca^{2+} 和 Ba^{2+}：在上述溶液中滴加饱和碳酸钠溶液，直到不再产生沉淀为止。在上层清液中，加 1~2 滴饱和碳酸钠溶液，仔细观察，溶液无浑浊，表明 Ca^{2+} 和 Ba^{2+} 已除尽。如果出现浑浊，继续加入饱和碳酸钠溶液，重复上述操作，直到 Ca^{2+} 和 Ba^{2+} 除尽。

（5）重复实验内容中（6）~（9）步骤。

改进方案二：$BaCl_2 \rightarrow Na_2CO_3 \rightarrow NaOH \rightarrow$ 过滤 $\rightarrow$ 盐酸 $\rightarrow$ 蒸发。

（1）重复实验步骤（1）和（2）。

（2）除去 SO_4^{2-}：加热溶液近沸腾，加入 1mol/L 氯化钡溶液 2~3mL。继续加热上述悬浊液 1~2min。待沉淀完全沉降，往上层清液中滴加 1~2 滴氯化钡溶液，仔细观察，溶液无浑浊，表明 SO_4^{2-} 已除尽。如果出现浑浊，继续加入 1mL 1mol/L 氯化钡溶液，重复上述操作，直到 SO_4^{2-} 除尽为止。

（3）除去 Ca^{2+} 和 Ba^{2+}：在上述溶液中滴加饱和碳酸钠溶液，直到不再产生沉淀为止。在上层清液中，加 1~2 滴饱和碳酸钠溶液，仔细观察，溶液无浑浊，表明 Ca^{2+} 和 Ba^{2+} 已除尽。如果出现浑浊，继续加入饱和碳酸钠溶液，重复上述操作，直到 Ca^{2+} 和 Ba^{2+} 除尽。

（4）除去 Mg^{2+}：继续加热上述烧杯中溶液近沸腾，边搅拌边滴加 1mol/L 氢氧化钠溶液，直到不再产生沉淀为止。待沉淀全部沉降，在上层清液中，滴加 1~2 滴氢氧化钠溶液，仔细观察，溶液无浑浊，表明 Mg^{2+} 已除尽。如果出现浑浊，继续加入 1mL 1mol/L 氢氧化钠溶液，重复上述操作，直到 Mg^{2+} 除尽。

（5）重复实验内容中（6）~（9）步骤。

【评价细则】

“化学沉淀法去除粗盐中的杂质离子”实验操作评价细则见表2-15。

表2-15 “化学沉淀法去除粗盐中的杂质离子”实验操作评价细则（100分）

总分：______

项目	评分内容	分值	A	B	C	D
药品称量	准确称量所需药品；操作规范	10				
除去 SO_4^{2-}	加热溶液近沸腾加入氯化钡沉淀沉降明显；上层清液未出现浑浊现象	15				
除去 Mg^{2+}	加入氢氧化钠溶液后出现浑浊；取上层清液，多次加入氢氧化钠溶液后溶液澄清无浑浊现象	15				
除去 Ca^{2+} 和 Ba^{2+}	加入饱和碳酸钠溶液出现浑浊；取上层清液，多次加入饱和碳酸钠溶液后溶液澄清无浑浊现象	15				
过滤	过滤时，滤纸折叠角度要与漏斗内壁口径吻合，使湿润的滤纸紧贴漏斗内壁而无气泡；滤纸的边缘要稍低于漏斗的边缘，滤液的液面要低于滤纸边缘；烧杯嘴要靠在倾斜的玻璃棒上，玻璃棒下端要靠在三层滤纸一边，漏斗的颈部要紧靠接收滤液的接受器内壁	10				
除去 CO_3^{2-}	滴加盐酸至无气泡产生；溶液pH值为7	10				
蒸发结晶	蒸发皿可直接加热；加热时用玻璃棒不断地搅动防止热液溅出；发现溶液出现较多固体时，停止加热；利用余热将溶液蒸干；结晶效果明显	10				
计算产率	计算正确，产率较好	10				
清洗仪器、整理实验台	台面整洁，无药品洒落	5				

注：A占总分90%~100%，B占总分70%~90%，C占总分50%~70%；D占总分0~50%。

实验十二　铁及其化合物的性质

【实验目的】

（1）掌握铁及其化合物的性质及检验的实验方法及操作步骤。

（2）熟练进行铁与硫粉、氯气、硝酸、水蒸气等反应的性质实验。

（3）掌握铁及其氧化物、氢氧化物的化学性质及相互转化规律。

【实验原理】

铁是较活泼金属，具有较强的还原性，能够分别与具有氧化性的硫粉和氯气发生氧化还原反应转化为硫化亚铁和氯化铁。

$$Fe+S \xlongequal{\triangle} FeS$$

$$2Fe+3Cl_2 \xlongequal{点燃} 2FeCl_3$$

同时，铁与具有强氧化性的稀硝酸反应时，产物存在两种可能。当铁的量较少时，铁被氧化为最高价态的铁离子（硝酸铁），硝酸被还原为一氧化氮；当铁的量较多时，生成的铁离子被铁单质进一步还原为二价的亚铁离子，因此最终产物为硝酸亚铁和一氧化氮。

$$Fe(不足) + 4HNO_3 \xlongequal{\quad} Fe(NO_3)_3 + NO\uparrow + 2H_2O$$

$$3Fe(过量) + 8HNO_3 \xlongequal{\quad} 3Fe(NO_3)_2 + 2NO\uparrow + 4H_2O$$

铁在常温下与水不发生反应。在高温条件下，铁与水蒸气发生反应生成四氧化三铁和氢气。

$$3Fe + 4H_2O(g) \xlongequal{高温} Fe_3O_4 + 4H_2$$

氧化铁和四氧化三铁在盐酸溶液中溶解，转化为亚铁离子和铁离子，分别加入铁氰化钾和硫氰化钾后，溶液颜色发生特征变化。

$$Fe^{3+} + 3SCN^- \rightleftharpoons Fe(SCN)_3(血红色)$$

$$3Fe^{2+} + 2[Fe(CN)_6]^{3-} \xlongequal{\quad} Fe_3[Fe(CN)_6]_2\downarrow(蓝色)$$

【实验用品】

仪器：铁架台、硬质玻璃管、试管、橡皮塞、酒精灯、酒精喷灯、注射器、橡胶管、火柴、集气瓶、燃烧匙、吸滤瓶（500mL）、气球、激光笔、橡胶塞、细线若干、条形磁铁、研钵、插管、蒸发皿、导管。

药品：氯酸钾固体、浓盐酸、稀盐酸、铁粉、铁丝、10%的氢氧化钠溶液、蒸馏水、硫粉、细沙、铁粉、氧化铁粉末、$CuSO_4 \cdot 5H_2O$ 晶体、稀硝酸、$FeCl_3$ 溶液、KSCN 溶液、$K_3[Fe(CN)_6]$溶液。

【实验内容】

一、铁的性质检验

（一）铁与硫粉反应

（1）称量药品：用天平称取 0.5g 铁粉与 0.3g 硫粉，混合均匀。用量筒分别量取 10mL 和 50mL 10%的氢氧化钠溶液。

（2）装药品：如图 2-30 所示取一个橡胶塞，将燃烧匙的铁柄从橡胶塞的小头端穿入。依次在燃烧匙中装入细沙、混合均匀的铁粉和硫粉，并在其上方加入打磨过的火柴头作为引发剂。另取一只气球，在其内部注入 10mL 10%的氢氧化钠溶液系于吸滤瓶的支管上，并在吸滤瓶内加入 50mL 10%的氢氧化钠溶液。

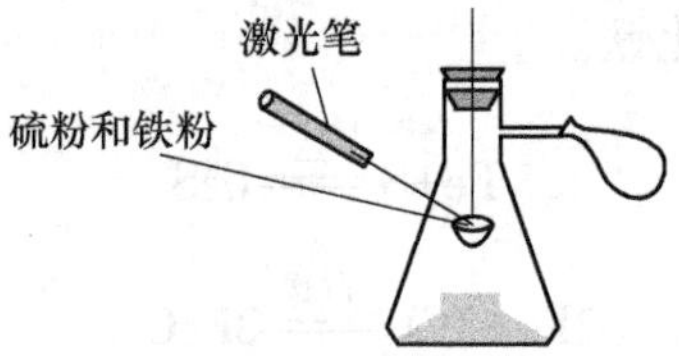

图 2-30　铁与硫粉反应的装置图

（3）引燃：打开激光笔，用蓝色激光直接照射燃烧匙内的引发剂，引发剂被点燃，关闭激光笔开关，观察实验现象。

（4）检验产物：冷却后取下橡胶塞，将反应生成的黑色固体研成粉末，并取少量加入试管中，滴加适量的稀盐酸溶液，轻微振荡，观察实验现象，之后向溶液中加入适量氢氧化钠，观察实验现象。

（5）处理产物：实验结束后，将生成的黑色固体和气球、吸滤瓶中液体转移至指定回收容器，防止污染环境。

（二）铁与氯气反应

（1）连接装置并检验装置气密性：如图 2-31 所示组装实验仪器并检查装置气密性。具体操作为：将漏斗完全浸没于水中，双手紧握或酒精灯微热硬质玻璃管，若烧杯中有气泡产生，停止加热后形成一段水柱，则证明装置气密性良好。

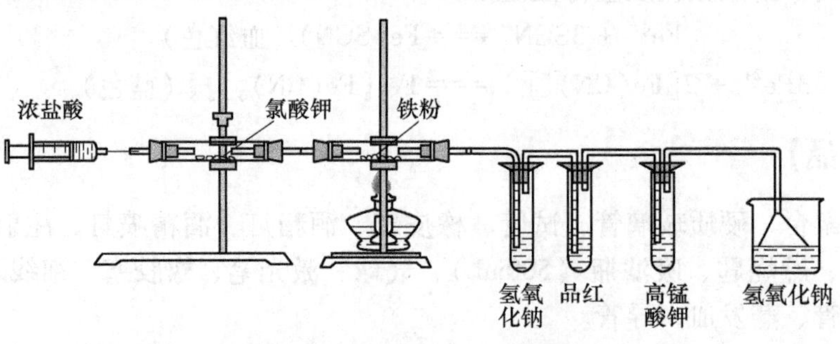

图 2-31　铁与氯气反应的装置图

（2）装药品：向两个硬质玻璃管中分别加入适量氯酸钾固体和铁粉，三支试管中分别加入适量的10%的氢氧化钠溶液、品红溶液和高锰酸钾溶液，烧杯中加入适量的10%的氢氧化钠溶液。

（3）加液：用注射器吸取少量浓盐酸，取橡胶管连接注射器与硬质玻璃管，将注射器内浓盐酸缓慢推入硬质玻璃管内使浓盐酸与氯酸钾充分接触，待反应一段时间后，点燃酒精灯加热铁粉，观察实验现象。

（4）结束实验：用止水夹夹住硬质玻璃管一端的橡胶管，取下注射器并吸入空气，再次连接橡胶管，将注射器中的空气推入硬质玻璃管中，直到反应体系中黄绿色气体完全被吸收后，拆卸装置，处理药品。

（三）铁与硝酸的反应

（1）取两支洁净的试管，向其中一支试管中加入0.14g铁粉和12mL稀硝酸溶液，轻轻振荡，反应一段时间后观察实验现象。

（2）向步骤（1）的试管中滴加1~2滴KSCN溶液，轻轻振荡，观察实验现象。

（3）取另一支试管，向其中加入0.28g铁粉和5mL稀硝酸溶液，重复上述实验过程，观察实验现象。

（四）铁与水的反应

（1）连接装置并检查装置气密性：如图2-32所示组装实验仪器并检查装置气密性。

（2）装药品：取2.0g五水硫酸铜晶体和4.0g铁粉，充分混合后加入试管中，并将试管固定在铁架台上，连接橡胶塞和玻璃导管，使导管口插入蒸发皿中肥皂液液面下方。

（3）实验操作：用酒精灯加热铁粉和硫酸铜晶体混合物，待蒸发皿中出现较多的气泡时，用燃着的火柴点燃气泡，观察实验现象。

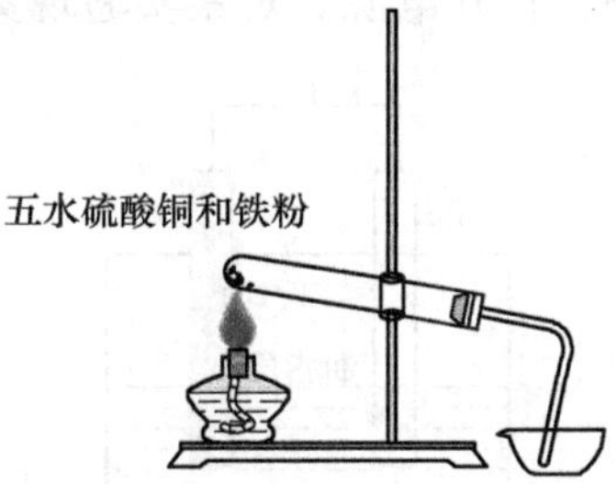

图2-32　铁与水蒸气反应的装置图

二、铁的氧化物性质检验

（1）取少量氧化铁于试管中，滴加少量的稀盐酸，振荡试管，反应一段时间后，观察实验现象。

（2）向（1）溶液中滴加几滴氢氧化钠溶液，振荡试管，观察实验现象。

（3）取少量四氧化三铁于另一支试管中，滴加适量的稀盐酸，振荡试管，反应一段时间后，观察实验现象。

（4）向（3）溶液中滴加1~2滴铁氰化钾溶液，轻轻振荡，观察实验现象。

（5）向（4）溶液中滴加1~2硫氰化钾溶液，轻轻振荡，观察实验现象。

【注意事项】

(1) 激光笔能量较大，直射会使人的眼睛受到一定程度的损伤。因此，在实验过程中，使用激光笔时激光不要直射自己或他人的眼睛，以防眼睛被烧伤。

(2) 稀硫酸和10%的氢氧化钠溶液均用刚煮沸的蒸馏水配制，可防止溶液中的溶解氧对实验造成的影响。

【交流研讨】

(1) 检验铁和硫粉反应产物时加入氢氧化钠的量不足会对实验结果产生什么影响?

(2) 铁与氯气反应的实验中品红和高锰酸钾的作用是什么?

(3) 如何对实验中稀硝酸与还原铁粉反应后产生的污染性气体进行尾气处理?

(4) 铁粉与水反应的实验中五水硫酸铜的作用是什么?

【实验改进】

电解法制备氢氧化亚铁

由于氢氧化亚铁不稳定，极易被氧气氧化而转化成氢氧化铁，一般很难观察到氢氧化亚铁的白色沉淀。鉴于此改进如下：如图2-33所示连接装置构成电解池，电源正极与铁棒相连作阳极，电源负极与碳棒相连作阴极，硫酸钠溶液作电解质溶液（用煮沸的蒸馏水配制硫酸钠溶液），在电解质液面上方加入油脂（油脂密度比水小且不溶于水），以覆盖电解质溶液防止溶液与氧气接触，打开电源，观察实验现象。

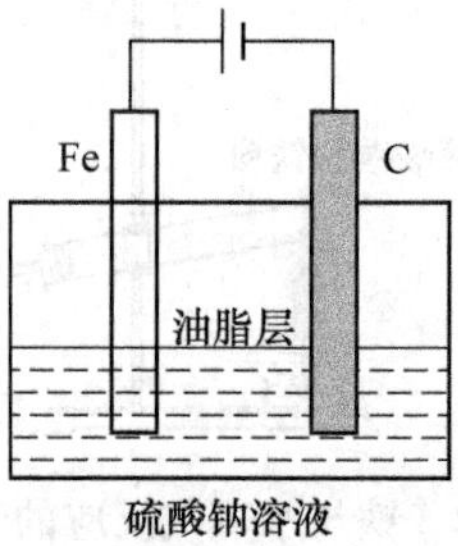

图2-33 电解法制备氢氧化亚铁

【评价细则】

“铁及其化合物的性质”实验操作评价细则见表2-16。

表2-16　“铁及其化合物的性质”实验操作评价细则（100分）

总分：＿＿＿＿

项目	评分内容	分值	A	B	C	D
铁与硫粉反应	准确称量所需药品；打开激光笔引燃引发剂；观察并记录氢氧化钠溶液变化；进行废物处理	10				
铁与氯气反应	正确连接装置并检查装置气密性；准确称量药品；产生棕黄色的烟；尾气处理	25				
铁与硝酸的反应	准确称量所需药品；实验现象对比明显，一支试管中生成血红色物质，另一支试管中无明显变化	15				
铁与水的反应	正确连接装置并检查装置气密性；蒸发皿中出现气泡；点燃气泡现象明显	15				
氧化铁性质检验	加入盐酸溶液后溶液颜色变化明显；加入氢氧化钠溶液出现浑浊	15				
四氧化三铁性质检验	加入盐酸溶液后溶液颜色变化明显；加入铁氰化钾溶液有蓝色沉淀；加入硫氰化钾溶液变为红色	15				
清洗仪器、整理实验台	台面整洁，无药品洒落，仪器摆放整齐	5				

注：A占总分90%～100%，B占总分70%～90%，C占总分50%～70%；D占总分0%～50%。

实验十三　乙酸乙酯的制备与性质

【实验目的】

（1）掌握实验室制取并净化乙酸乙酯的方法及操作步骤。

（2）熟练进行乙酸乙酯在酸、碱性环境中发生水解反应的性质实验。

（3）掌握酯类水解反应的原理及不同环境下对酯类物质水解反应的影响。

【实验原理】

酯是由酸与醇（酚）酯化反应而生成的化合物。低级酯是具有芳香气味的液体，密度一般比水小，难溶于水，易溶于有机溶剂。高级酯是蜡状固体或稠状的液体，无气味。酯类广泛存在于自然界，如苹果里含有戊酸戊酯，凤梨里含有丁酸乙酯，香蕉里含有乙酸异戊酯等，很多鲜花和水果的香味都来自酯的混合物。

酯化反应是指醇与羧酸或无机含氧酸生成酯和水的反应。羧酸跟醇的酯化反应是可逆的，并且反应较缓慢，为了提高反应速率，一般需要加入催化剂并加热。

$$CH_3COOH+C_2H_5OH \underset{\triangle}{\overset{\text{浓硫酸}}{\rightleftharpoons}} CH_3COOC_2H_5+H_2O$$

同时，酯在酸性或碱性环境中发生水解反应，生成相应的酸与醇。

$$CH_3COOC_2H_5+H_2O \underset{\triangle}{\overset{H^+}{\rightleftharpoons}} CH_3COOH+C_2H_5OH$$

$$CH_3COOC_2H_5+NaOH \xrightarrow{\triangle} CH_3COONa+C_2H_5OH$$

【实验用品】

仪器：圆底烧瓶、冷凝管、温度计、蒸馏头、温度计套管、分液漏斗、酒精灯、牛角管、锥形瓶。

药品：冰醋酸、无水乙醇、饱和碳酸钠、浓硫酸、稀硫酸、氢氧化钠溶液、蒸馏水、饱和氯化钙溶液、饱和食盐水、无水硫酸镁。

【实验内容】

一、制备乙酸乙酯

方法一：

（1）连接装置：如图 2-34 所示连接实验装置。

（2）装药品：在一支试管中加入 3mL 乙醇，边振荡试管边缓慢加入 2mL 浓硫酸和 3mL 乙酸。向另一支试管中加入 10mL 饱和碳酸钠溶液。

（3）制取乙酸乙酯：用酒精灯先预热并且小火加热一段时间，再用大火集中加热，将产生的蒸汽经导管通入饱和碳酸钠溶液液面上方，观察实验现象。

方法二：

制取和收集乙酸乙酯实验如图 2-35 所示。

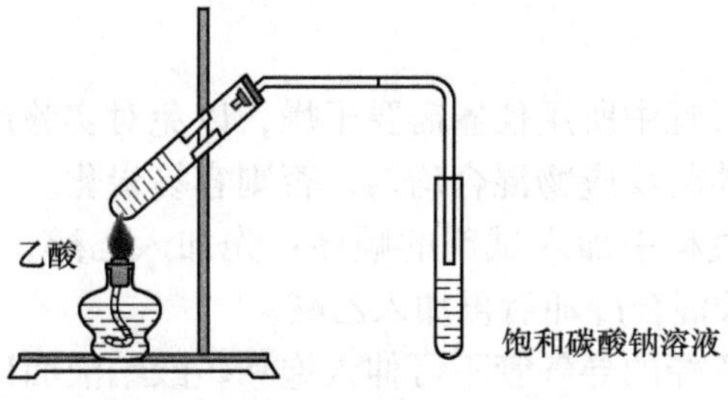

图 2-34　制取乙酸乙酯实验

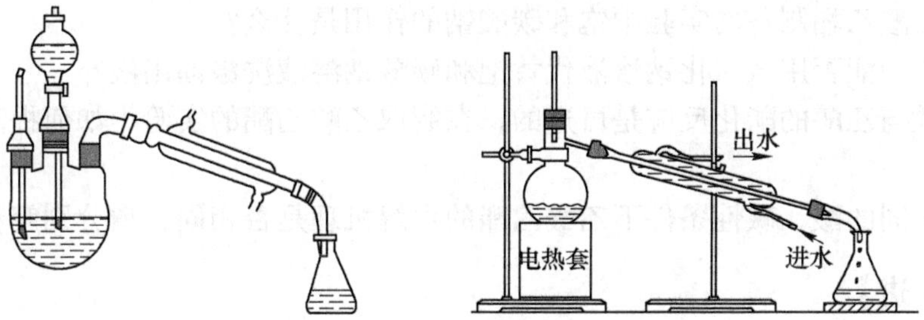

图 2-35　制取和收集乙酸乙酯实验

（1）按上述装置图组装仪器，在 125mL 三颈烧瓶中加入 12mL 95%的乙醇溶液，在冷水浴中冷却，边摇边慢慢加入 12mL 浓硫酸，加入 2~3 粒沸石；在分液漏斗中加入 12mL 95%的乙醇和 12mL 冰醋酸，摇匀。分液漏斗的末端和温度计的水银球必须浸到液面以下距瓶底 0. 5~1cm 处。

（2）打开冷凝水，用酒精灯加热三颈烧瓶，当温度计读数上升到 110℃时，从分液漏斗中滴加乙醇和冰醋酸混合液（速度为每分钟 30 滴为宜），并维持反应温度在 120℃左右。滴加完毕，继续加热数分钟，直到温度上升到 130℃，不再有馏出液为止。

（3）向粗产物中缓慢加入约 10mL 饱和碳酸钠溶液，直到有机相呈中性为止，转移至分液漏斗中充分振荡，静置分层后，有机相用 10mL 饱和氯化钠溶液洗涤后再用饱和氯化钙溶液洗涤两次，每次 10mL。弃去水相，酯层用 2~3g 无水硫酸镁干燥。

（4）将干燥后的乙酸乙酯转移到 60mL 蒸馏烧瓶中，加入沸石在电热套上进行蒸馏，收集 73~78℃的馏出物，称重计算产率。

二、乙酸乙酯的性质

（一）酸性条件下乙酸乙酯与水反应

取少量的乙酸乙酯于试管中，加入 5mL 的蒸馏水，缓慢地加入 2mL 稀硫酸。用酒精灯加热试管，观察实验现象。

（二）乙酸乙酯与碱的反应

取少量乙酸乙酯于试管中，加入 3mL 氢氧化钠溶液，用酒精灯加热试管，观察实验现象。

【注意事项】

（1）酯化反应过程中所用仪器需要干燥，以免对实验产生干扰。

（2）加热之前需将反应物混合均匀，否则容易炭化。

（3）酯化反应过程中加入试剂的顺序：先加入乙醇，边振荡试管边缓慢地加入浓硫酸，待乙醇和浓硫酸混合冷却后再加入乙酸。

（4）制备乙酸乙酯的导气管不可伸入饱和碳酸钠液面以下，防止产生倒吸现象。

【交流研讨】

（1）在乙酸乙酯制备的实验中饱和碳酸钠的作用是什么?

（2）实验中能否用氢氧化钠溶液代替饱和碳酸钠溶液洗涤馏出液?

（3）乙酸与乙醇的酯化反应是可逆的，在制取乙酸乙酯的实验中如何提高乙酸乙酯的产率?

（4）在不同的酸、碱性条件下乙酸乙酯的水解机理是否相同，请分别解释。

【实验改进】

氯化铁催化的乙酸乙酯制备

（1）准备药品：在大试管中加入 3mL 无水乙醇、2mL 冰醋酸、0.5g $FeCl_3 \cdot 6H_2O$、4~5 粒沸石，如图 2-36 所示。

（2）发生反应：用酒精灯缓慢加热 90s 左右，将产生的蒸气经导管通到盛有饱和碳酸钠溶液的试管中，观察收集的液体，并闻其气味。

（3）排气收集：将收集的混合液体振荡，观察有无气泡，静置后比较上层液体液面高度变化，然后向混合液中加入紫色石蕊试液，观察实验现象。

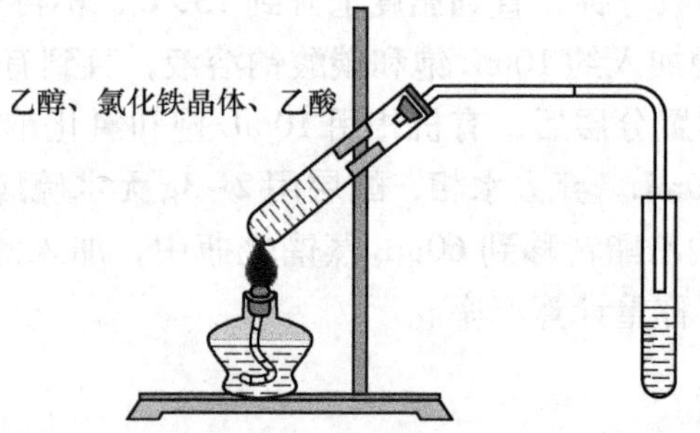

图 2-36　氯化铁催化的乙酸乙酯制备实验

【评价细则】

“乙酸乙酯的制备与性质”实验操作评价细则见表2-17。

表2-17　“乙酸乙酯的制备与性质”实验操作评价细则（100分）

总分：________

项目	评分内容	分值	A	B	C	D
制备乙酸乙酯（方法一）	正确连接装置；准确称量药品；酒精灯先预热，之后集中加热；饱和碳酸钠液面上方出现油状液体	20				
制备乙酸乙酯（方法二）	冰醋酸和无水乙醇混合均匀；缓慢加入浓硫酸；加入沸石；控制反应温度	10				
	回流结束后，冷却至室温进行蒸馏；控制反应温度在70~79℃之间	15				
	酒精灯预热，之后集中加热，饱和碳酸钠液面上方出现油状液体	15				
	对收集的乙酸乙酯进行水洗加入无水硫酸镁进行干燥，现象明显；多次蒸馏提纯	15				
酸性条件下乙酸乙酯与水的反应	取乙酸乙酯于试管中，加入硫酸溶液；酒精灯先预热之后集中加热；油状液体消失	10				
碱性条件下乙酸乙酯与水的反应	取乙酸乙酯于试管中，加入氢氧化钠溶液；酒精灯先预热之后集中加热；油状液体消失	10				
清洗仪器、整理实验台	台面整洁，无药品洒落，仪器摆放整齐	5				

注：A占总分90%~100%，B占总分70%~90%，C占总分50%~70%；D占总分0%~50%。

实验十四　原电池实验

【实验目的】

（1）掌握铜-锌原电池、铝-铜原电池实验的基本操作。

（2）根据原电池的基本工作原理熟练进行影响原电池工作效率的探究实验。

（3）了解原电池在生活、生产中的应用并能够进行简单原电池设计。

【实验原理】

原电池是一种将化学能转化为电能的装置，其实质是在原电池正负极上自发进行的氧化还原反应，但与一般氧化还原反应的区别是反应物质之间并未直接接触，而是通过导线完成电子的定向移动形成外电路，同时，电解质溶液中的阴阳离子分别移向原电池的负极和正极，从而形成稳定、持续的电流，实现化学能向电能的转化。

锌-铜原电池的反应方程式为：

负极：$Zn-2e^- = Zn^{2+}$

正极：$Cu^{2+}+2e^- = Cu$

总反应：$Zn+Cu^{2+} = Zn^{2+}+Cu$

铝-铜原电池的反应方程式：

负极：$2Al-6e^- = 2Al^{3+}$

正极：$3Cu^{2+}+6e^- = 6Cu$

总反应：$2Al+3Cu^{2+} = 2Al^{3+}+3Cu$

【实验用品】

仪器：锌片、铁片、铜片、琼脂-KCl 盐桥、电流表、大烧杯（两个）、导线若干。

药品：硫酸锌溶液、硫酸铜溶液、硫酸铝溶液、氯化钠溶液。

【实验内容】

一、铜-锌单液原电池

（1）配制溶液：用量筒分别量取 28mL 蒸馏水和 2mL（98%）浓硫酸依次加入到烧杯中，配制 1mol/L 的稀硫酸溶液，作为原电池的电解质溶液。

（2）连接装置：将两根导线分别与打磨后的铜片（2cm×10cm）和锌片（2cm×10cm）连接，与锌片连接的导线接至电流表的负极，与铜片连接的导线接至正极，并将连接好的锌片和铜片放入盛有稀硫酸溶液的烧杯中，观察铜片、锌片上的实验现象和电流表读数。

二、铜-锌双液原电池

（1）制备盐桥：在 250mL 烧杯中，加入 97mL 蒸馏水和 3. 0g 琼脂，盖上表面皿，水浴加热使琼脂完全溶解。继续加入 30g KCl 固体，搅拌使其充分溶解，趁热用滴管将溶液灌入洁净的U形玻璃管中，静置待琼脂凝结后便可使用。（注意：U形管内的各部位不能留有气泡，不能出现断面，否则会增加电阻，甚至造成断路。）

（2）加入电解质溶液：取两洁净的烧杯，分别加入50mL 1mol/L硫酸锌溶液和50mL 1mol/L硫酸铜溶液。

（3）连接装置：将两根导线分别与打磨后的铜片（2cm×10cm）和锌片（2cm×10cm）连接，与锌片连接的导线接至电流表的负极，与铜片连接的导线接至电流表的正极，并将连接好的锌片和铜片分别放入硫酸锌溶液和硫酸铜溶液中，用盐桥连接两个烧杯，观察铜片和锌片表面现象和电流表读数。

三、铜-铝双液原电池

（1）配制溶液：用天平称取1.7g硫酸铝固体，于研钵中研成粉末状转移至洁净的烧杯中，向烧杯中加少量蒸馏水使其溶解，并滴加少许稀硫酸溶液，用玻璃棒搅拌均匀，再加入蒸馏水至50mL，配制得到0.1mol/L硫酸铝溶液。

（2）加入电解质溶液：取两洁净的烧杯，分别加入50mL 1mol/L硫酸铝溶液和50mL 1mol/L硫酸铜溶液。

（3）连接装置：将两根导线分别与打磨后的铝片（2cm×10cm）和铜片（2cm×10cm）连接，与铝片连接的导线接至电压表的负极，与铜片连接的导线接至电压表的正极，并将连接好的铝片和铜片分别放入硫酸铝溶液和硫酸铜溶液中，用盐桥连接两个烧杯，观察铜片和铝片表面现象和电压表读数。

四、影响原电池工作效率的因素探究实验

（1）增大电极表面积：将实验中（2cm×10cm）铜片和（2cm×10cm）锌片更换为（4cm×10cm）铜片和（4cm×10cm）锌片，重复上述实验步骤，对比观察铜片、锌片表面现象和电流表读数。

（2）增加电解质溶液浓度：将实验中1mol/L硫酸锌溶液和1mol/L硫酸铜溶液更换为3mol/L硫酸锌溶液和3mol/L硫酸铜溶液，重复上述实验步骤，对比观察铜片、锌片表面现象和电流表读数。

【注意事项】

（1）实验开始前，需用滤纸将电极表面的电解液擦拭干净，以免影响实验效果。

（2）配制氯化铜溶液时加入几滴稀硫酸溶液，防止氯化铜水解。

（3）反应过程中，防止正负极接触造成短路。

（4）盐桥制作过程中，不能留有气泡，防止断路。

【交流研讨】

（1）原电池的电解质溶液是否一定需要水溶液？

（2）简述在原电池实验中盐桥的作用机理。

（3）造成原电池外电路断路的可能原因有哪些？

（4）生活中还有哪些物品可以设计成原电池？

【实验改进】

一、柠檬电池

实验仪器：打磨过的铜片、锌片（6cm×3.3cm）、导线、金属夹，1∶5 体积的稀硫酸、新鲜的柠檬、1.5V 小电灯泡、开关。

实验过程：

（1）分别将打磨好的长约 6cm，宽约 3.3cm 锌片、铜线柱两端接上导线，其中一根导线的另一端接上开关。

（2）用小刀将柠檬切成两半，将锌片和铜线柱另一端分别插入柠檬的果肉中（谨防两端导线头相连）。

（3）将水果电池正负极对应接入小灯泡正负极，观察实验现象。

二、盐桥的改进

由于盐桥在制作过程中比较复杂，而且需要定期更新，一旦出现盐桥位置断路会对实验造成一定影响。如图 2-37 所示，将带支管的 U 形管通过橡皮管与试管的支管相连，在橡皮管中加入饱和氯化钾琼脂，并向 U 形管中注入饱和氯化钾溶液，通过 U 形管盐桥实现正负极电解质溶液的连通。

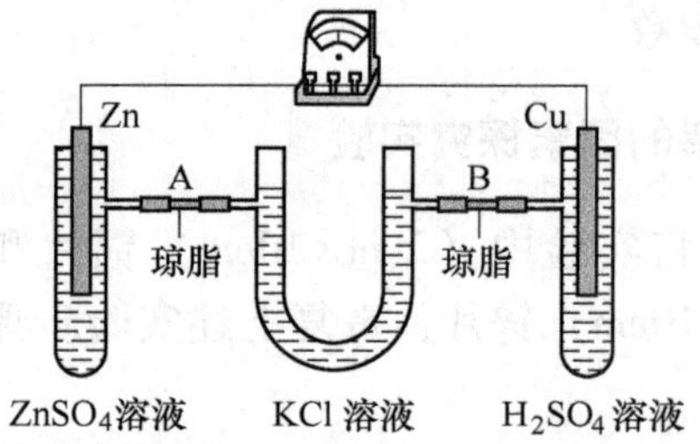

图 2-37　盐桥改进实验

【评价细则】

“原电池实验”实验操作评价细则见表 2-18。

表 2-18　“原电池实验”实验操作评价细则（100 分）

总分：__________

项目	评分内容	分值	A	B	C	D
铜-锌单液原电池	准确配制所需溶液；打磨锌片和铜片；正确连接装置；锌片表面产生气泡；准确读取电流表读数	20				
铜-锌双液原电池	正确制作盐桥，U 形管内未出现气泡；打磨锌片和铜片；正确连接装置；锌片表面产生气泡；准确读取电流表读数	20				
铜-铝双液原电池	研磨硫酸铝至粉末状并将其配成溶液；打磨铜片和铝片；正确连接装置；锌片表面产生气泡；准确读取电流表读数	20				
影响原电池工作效率的因素探究实验	更换较大面积的铜片和锌片重复实验，准确读取电流表读数，进行对比及分析	15				
	准确配制不同浓度的电解质溶液，进行对比实验，准确读取电流表读数	15				
清洗仪器、整理实验台	台面整洁，无药品洒落，电压表摆放整齐	10				

注：A 占总分 90%~100%，B 占总分 70%~90%，C 占总分 50%~70%；D 占总分 0%~50%。

实验十五　化学反应速率测定及影响因素

【实验目的】

（1）掌握测定化学反应速率影响因素的实验方法。

（2）熟练进行浓度、温度、催化剂、固体表面积影响化学反应速率的性质实验。

（3）了解控制变量法在实验中的应用原理、基本流程、操作步骤及分析思路。

【实验原理】

化学反应速率（平均反应速率）表示化学反应进行快慢的物理量，常用单位时间内反应物浓度的减少量或生成物浓度的增加来表示（均为正值），公式表示为：

$$\bar{v} = \frac{\Delta C}{\Delta t}$$

式中，$\bar{v}$ 表示反应速率；ΔC 表示其浓度的变化；Δt 表示时间变化。

化学反应速率大小受内因和外因两方面影响，内因主要是反应物自身性质；外因包括浓度、温度、压强（主要针对气体）、催化剂、反应物状态、接触面积等。本实验主要探究外因对化学反应速率的影响。

【实验用品】

仪器：小试管、量筒、大烧杯、药匙、注射器、试管架、胶头滴管、水浴锅、秒表、铁架台、止水夹。

药品：30%的过氧化氢溶液、二氧化锰粉末、0.1mol/L $FeCl_3$ 溶液、0.1mol/L $CuSO_4$ 溶液、0.01mol/L $KMnO_4$ 溶液、0.1mol/L、0.2mol/L 的 $H_2C_2O_4$溶液、10mol/L H_2SO_4 溶液、5mL 注射器（两支）、3mol/L 的盐酸、碳酸钙固体、0.1mol/L、0.2mol/L $Na_2S_2O_3$ 溶液。

【实验内容】

一、浓度对化学反应速率的影响

（一）过氧化氢法

（1）连接装置并检验装置气密性：如图 2-38 所示连接实验仪器并检验装置的气密性。具体操作为：用具支试管上端的注射器吸取适量空气，注射器针头固定在活塞上（防止针孔漏气，抽气或注入气体时只换注射器，注射器针头固定在活塞上不动）推动注射器，若支管处的注射器活塞移动相应刻度，则气密性良好。

（2）准备药品：配制两份 20mL 浓度分别为 15%和 30%的过氧化氢溶液，称取两份质量均为 1.0g 的二氧化锰（粉末状）。

（3）装药品：用药匙或纸槽将称好的两份二氧化锰粉末分别装入两支试管中，使其平铺在试管底部。另用 20mL 注射器分别吸取等体积 15%和 30%的过氧化氢溶液，排净其中

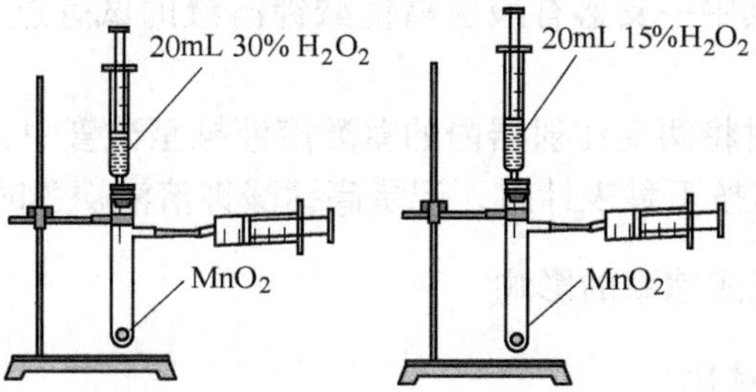

图 2-38 浓度对化学反应速率的影响实验

的空气，备用。

（4）进行反应：将另一支排净管中空气的注射器用乳胶管连接至具支试管的支管处，同时将试管上方两支注射器内的过氧化氢溶液推至试管中，使其与二氧化锰接触发生反应，同时迅速按下秒表计时，记录支管处注射器 2min、4min、6min 时活塞的移动情况。

（二）草酸-高锰酸钾法

（1）准备药品：用天平称取 0.9g 草酸固体和 0.079g 高锰酸钾固体，将称好的草酸固体和高锰酸钾固体分别加入 50mL 洁净的烧杯中，加入少量蒸馏水溶解，并将溶解的两种溶液分别转移至 50mL 容量瓶，定容至刻度线，摇匀后静置待用。

（2）稀释溶液：移取 25mL 已配制的草酸溶液至 50mL 烧杯中，加水重新定容至 50mL 容量瓶中，配制成不同浓度的草酸溶液。

（3）装药品：用量筒分别量取 4mL 已配制的高锰酸钾溶液置于两支试管中，再向两支试管中分别滴加 4 滴浓硫酸。用 2 支 20mL 的注射器分别吸取 4mL 不同浓度的草酸溶液，排净其中的空气，备用。

（4）进行反应：同时将两支注射器内不同浓度的草酸溶液推至试管中，使其与酸性高锰酸钾溶液充分反应，并迅速按下秒表计时，记录高锰酸钾溶液褪色时间。

二、温度对化学反应速率的影响

（一）过氧化氢法

（1）连接装置并检验装置气密性。

（2）准备药品：取等质量的二氧化锰固体，研成粉末，均匀平铺于试管底部，两支注射器各吸取等体积等浓度的过氧化氢溶液，排净其中空气，备用。

（3）加热处理：对其中一支盛有二氧化锰粉末的试管先预热再集中加热，另一支试管不做处理。

（4）进行反应：同时将两支注射器内的过氧化氢溶液推至试管中，使其与二氧化锰充分接触并发生反应。同时迅速按下秒表计时，记录支管处注射器 2min、4min、6min 时活塞的移动情况。

（二）草酸-高锰酸钾法

（1）称取药品：用量筒分别量取等体积已配制的高锰酸钾溶液于试管中，再向两支试管中分别滴加 4 滴稀硫酸。用两支 20mL 的注射器分别吸取等体积不同浓度的草酸溶液，排净其中空气，备用。

（2）加入处理：对其中一支盛有酸性高锰酸钾溶液的试管进行预热，之后集中加热，另一支试管不做处理。

（3）进行反应：同时将两支注射器内的草酸溶液推至试管中，使其与酸性高锰酸钾溶液充分接触并反应，迅速按下秒表计时，记录高锰酸钾溶液褪色时间。

三、催化剂对化学反应速率的影响

（一）$FeCl_3$-$CuSO_4$ 对比

（1）配制药品：分别称取 0.3g$FeCl_3 \cdot 6H_2O$ 固体和 0.8g $CuSO_4 \cdot 5H_2O$ 固体于两洁净的烧杯中，向烧杯中加少量蒸馏水使其溶解，并分别滴加几滴稀硫酸溶液，用玻璃棒进行搅拌，再加蒸馏水稀释至 50mL，得到一定浓度的氯化铁和硫酸铜溶液。

（2）取药品：向两支洁净的试管中分别加入等体积上述溶液，并将试管固定于铁架台上。两支注射器内分别吸取 3mL 30%的过氧化氢溶液，排净其中空气，备用。

（3）进行反应：同时将两支注射器内的过氧化氢溶液推至试管中，使其充分接触并发生反应，同时迅速按下秒表计时，记录支管处注射器 2min、4min、6min 时活塞的移动情况。

（二）硫酸锰催化

（1）准备实验：取两支洁净的试管，向其中一支试管中加入适量的硫酸锰固体（粉末），另一支试管中不添加，作为对照。用量筒分别量取 4mL 高锰酸钾溶液于试管中，再分别滴加 4 滴浓硫酸。用两支 20mL 注射器分别吸取等体积草酸溶液，排净其中空气，备用。

（2）进行反应：同时将两支注射器内的草酸溶液推至试管中，使其与酸性高锰酸钾溶液充分接触并反应，迅速按下秒表计时，记录高锰酸钾溶液褪色时间。

四、固体表面积对化学反应速率的影响

（1）称取药品：用天平称取两份质量为 1.0g 的碳酸钙固体，将其中一份研成粉末。

（2）装药品：用药匙或纸槽将称好的 1.0g 碳酸钙颗粒和碳酸钙粉末分别装入两支试管中，使其平铺在试管底部。两支注射器内分别吸取等体积的稀盐酸溶液，排净其中空气，备用。

（3）进行反应：同时将两支注射器内的稀盐酸溶液推至试管中，使其充分接触并反应，同时迅速按下秒表计时，记录支管处注射器 2min、4min、6min 时活塞的移动情况。

（4）应准确记录反应时间，以免影响实验结论。

【注意事项】

（1）使用过氧化氢进行实验时，应现用现取，以免过氧化氢分解。

（2）对照实验，需保证验证条件以外的其他条件相同，以免对实验结果产生干扰。

（3）浓度对反应速率影响实验中，高锰酸钾和硫酸可提前混合，以简化实验操作。

【交流研讨】

（1）不同浓度的草酸溶液和高锰酸钾反应对实验结果是否产生影响？

（2）除氯化铁和硫酸铜以外，还可以选择哪些物质作为过氧化氢分解反应的催化剂？

（3）在固体表面积对反应速率测定的实验中，盐酸的浓度不同是否会对实验结果产生一定影响？

（4）如何从反应机理角度解释浓度、温度、催化剂等因素对反应速率的影响。

【实验改进】

运用手持技术分析化学反应速率的影响因素

1. 浓度对化学反应速率的影响

（1）准备药品：用量筒分别量取 0.01mol/L 的高锰酸钾溶液 4mL 于两支试管中，再向其中分别滴加 4 滴浓硫酸，混合均匀。用两支 10mL 的注射器分别吸取 1mL 0.1mol/L 的草酸溶液和 0.2mol/L 的草酸溶液，排净其中的空气，备用。

（2）进行反应：将色度传感器浸没在溶液中，同时将两支注射器内不同浓度的草酸溶液推至两支试管中，使其与酸性高锰酸钾溶液充分反应，观察实验现象并采集数据。图 2-39 所示为色度传感器。

图 2-39　色度传感器

2. 温度对化学反应速率的影响

（1）准备药品：用量筒分别量取 0.01mol/L 的高锰酸钾溶液 4mL 于两支试管中，再向其中分别滴加 4 滴浓硫酸，混合均匀。用两支 10mL 的注射器分别吸取 1mL 0.1mol/L 的草酸溶液，排净其中的空气，备用。

（2）反应操作：对其中一支试管进行水浴加热，使温度控制在 50℃，另一试管不做处理。将色度传感器浸没溶液，同时将两支注射器内的草酸溶液推至试管中，使其与酸性高锰酸钾溶液充分反应，观察实验现象并采集数据。

【评价细则】

"化学反应速率测定及影响因素"实验评价细则见表2-19。

表2-19　"化学反应速率测定及影响因素"实验评价细则（100分）

总分：______

项目	评分内容	分值	A	B	C	D
浓度对化学反应速率的影响（过氧化氢法）	检查装置气密性；准确称量药品；正确组装实验仪器；时间记录准确；实验现象明显，对比清晰	15				
浓度对化学反应速率的影响（草酸-高锰酸钾法）	准确配制一定浓度的草酸和高锰酸钾溶液；注射器排空备用；溶液混合开始及时，观察溶液颜色变化	15				
温度对化学反应速率的影响（过氧化氢法）	检查装置气密性；准确称量药品；进行温度控制的对比实验，观察溶液变化；时间记录准确，实验对比明显	15				
温度对化学反应速率的影响（草酸-高锰酸钾法）	两组溶液混合均匀；时间记录准确；颜色变化明显；实验对比清晰	15				
催化剂对化学反应速率的影响（$FeCl_3$-$CuSO_4$体系对比）	准确配制一定浓度的氯化铁和硫酸铜溶液；注射器吸取等体积等浓度的过氧化氢溶液，排空备用；时间记录准确；实验现象明显，对比清晰	15				
催化剂对化学反应速率的影响（硫酸锰催化）	在有无硫酸锰（粉末）的两支试管中均使草酸和高锰酸钾充分接触；时间记录准确；溶液颜色变化明显，对比清晰	15				
固体表面积对化学反应速率的影响	称取等质量的碳酸钙固体两份，并将其中一份研成粉末状；两份碳酸钙药品均平铺于试管底部；将盐酸溶液同时注入试管内，记录时间；实验现象明显，对比清晰	5				
清洗仪器、整理实验台	台面整洁，无药品洒落，仪器摆放整齐	5				

注：A占总分90%～100%，B占总分70%～90%，C占总分50%～70%；D占总分0%～50%。

第三章　中学化学生活化实验

实验一　食用纯碱的制备及性质检验

【选题目的】

侯氏制碱法是一种比较典型的物质制备方法，体现了绿色化学的思想。通过本实验使学生进一步了解侯氏制碱法的原理与步骤，知道碳酸钠与碳酸氢钠的性质与特点。

【资料背景】

碳酸钠（Na_2CO_3）俗名纯碱，常温下为白色无气味的粉末或颗粒，具有吸水性，易溶于水和甘油，微溶于无水乙醇，难溶于丙醇。碳酸钠的水溶液呈强碱性，表现出一定的腐蚀性，能与酸和部分钙盐、钡盐发生复分解反应。碳酸钠稳定性较强，但长期暴露于空气易变质而转化为碳酸氢钠。碳酸钠是一种重要的化工原料，主要用于玻璃制品和高级器皿的生产，同时在生活洗涤、石油精炼、冶炼金属等方面也有较为广泛的应用。

碳酸氢钠（$NaHCO_3$）俗称小苏打，是由纯碱溶液吸收二氧化碳之后制得的产物。食用级小苏打常温常压下为白色固体，易溶于水，是一种常见的食品疏松剂和肉类嫩化剂，能使食品迅速涨发，软化纤维，去除发面团的酸味。适当使用可为食品带来极佳的色、香、味、形，以增进人们的食欲，可广泛应用于食品加工，如馒头、面包、油条等。

【基本原理】

一、碳酸钠的制备

侯氏制碱法制备碳酸钠的原理是依据离子反应发生的原理。侯氏制碱法制纯碱（Na_2CO_3），利用 $NaHCO_3$ 在水中溶解度较小，先制得 $NaHCO_3$，而 $NaHCO_3$ 不稳定受热易分解得到 Na_2CO_3。有关的化学反应方程式如下：

$$NH_3 + CO_2 + H_2O \xlongequal{} NH_4HCO_3$$

$$NH_4HCO_3 + NaCl \xlongequal{} NaHCO_3\downarrow + NH_4Cl$$

$$2NaHCO_3 \xlongequal{\triangle} Na_2CO_3 + CO_2\uparrow + H_2O$$

二、家庭鉴别碳酸钠与碳酸氢钠

碳酸钠与酸反应先生成碳酸氢钠，再进一步生成二氧化碳、水与相应的钠盐。碳酸氢钠与酸反应则直接生成二氧化碳、水与相应的钠盐，因此，在相同条件下碳酸氢钠与酸反应产生气泡的速率比碳酸钠快，其反应原理如下：

$$Na_2CO_3 + CH_3COOH = NaHCO_3 + CH_3COONa$$
$$NaHCO_3 + CH_3COOH = CH_3COONa + CO_2\uparrow + H_2O$$

三、除去水壶中的水垢

水垢中可能含有的主要成分为碳酸钙、碳酸镁、硫酸钙、硫酸镁以及少量的氢氧化镁。硫酸钙、硫酸镁不能与醋酸发生反应，因此不能用醋酸去除。利用复分解反应将硫酸钙、硫酸镁转化为相对溶解度更低的碳酸钙或碳酸镁，就可与醋酸发生反应被去除，其主要反应原理如下：

$$MgSO_4 + Na_2CO_3 = MgCO_3\downarrow + Na_2SO_4$$
$$CaSO_4 + Na_2CO_3 = CaCO_3\downarrow + Na_2SO_4$$
$$MgCO_3 + 2CH_3COOH = (CH_3COO)_2Mg + CO_2\uparrow + H_2O$$
$$CaCO_3 + 2CH_3COOH = (CH_3COO)_2Ca + CO_2\uparrow + H_2O$$

【所需用品】

仪器：天平、烧杯、广口瓶（带双孔塞）、玻璃导管、铁架台、量筒、氨气制备装置、二氧化碳制备装置、酒精灯、布氏漏斗、真空泵、导管、止水夹、试管。

药品：饱和食盐水、无水乙醇、浓氨水、氢氧化钠、碳酸钙、酚酞试液、稀盐酸。

【方案设计】

一、侯氏制碱法实验室模拟制备

侯氏制碱法实验室模拟制备如图 3-1 所示。

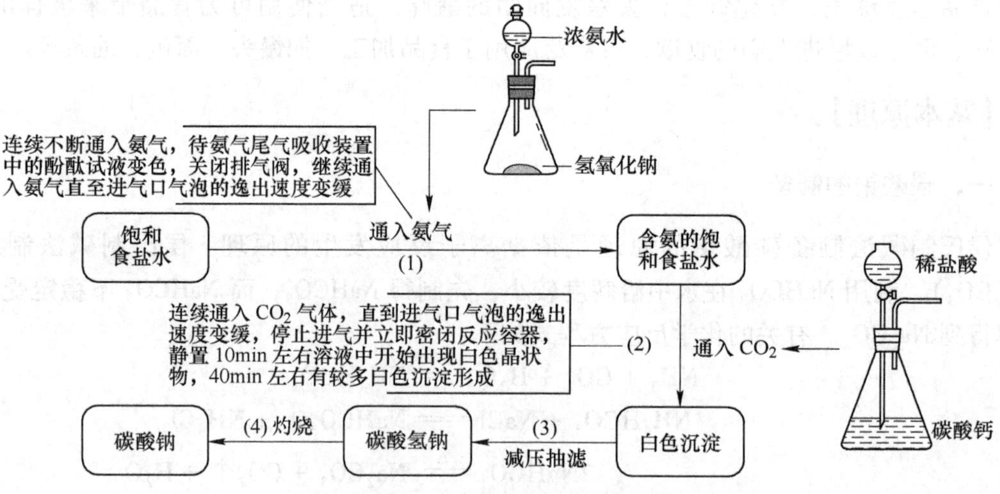

图 3-1　侯氏制碱法实验

操作提示 1：制备在 30~35℃温度下的饱和氯化钠溶液。

操作提示 2：根据各相关化合物的溶解度曲线，反应温度应控制在 30~35℃。

操作提示 3：形成含氨的饱和食盐水后应立即向其中通入二氧化碳。

操作提示4：制备二氧化碳时盐酸的浓度不可过高，以免在反应时产生氯化氢气体，随二氧化碳进入反应装置，影响实验结果。

操作提示5：根据酚酞试液变色情况和反应器容器内气压，确定氨气和二氧化碳的通入量，当尾气吸收装置变色且反应容器内有较高压力时停止进气（当进气口冒出气泡速度逐渐降低至每秒一个气泡时停止进气，防止连接处因压力过大而爆裂）。

操作提示6：为防止倒吸造成试管炸裂，可选用浓氨水和氢氧化钠固体制备氨气。若选用氯化铵固体与氢氧化钙固体制备氨气，可在反应装置和制备装置之间加装安全瓶。

操作提示7：待含氨的饱和食盐水中有白色晶状沉淀生成时，可将反应器移入冷水浴中冷却降温，加速沉淀。

二、家庭鉴别碳酸钠与碳酸氢钠

将等量（一小汤匙）食用纯碱与小苏打分别放入两大小相同的小玻璃杯中，分别向其中逐滴滴入白醋，观察实验现象。向两玻璃杯中同时加入等量的白醋，分别加入等量（一小汤匙）的食用纯碱与小苏打，观察实验现象。

三、除去水壶中的水垢

从水壶中取等量的水垢分别置于两玻璃杯中，并向其中加入适量的纯净水。在一玻璃杯中加入过量的碱面搅拌1min左右后静置5min。同时向两玻璃杯中加入白醋，仔细观察气泡产生量及玻璃杯底部沉淀的变化情况并记录现象。

【参考用量】

药品或试剂参考用量如表3-1所示。

表3-1　药品或试剂参考用量

药品/试剂	参考规格	参考用量
氢氧化钠	化学纯	5g
浓氨水	化学纯	20mL
碳酸钙	化学纯	10g
稀盐酸	1mol/L	100mL
饱和食盐水	30~35℃	50mL
食用纯碱	家用	少量
小苏打	家用	少量（与食用纯碱等量）
白醋	家用	依据水垢量

【参考装置】

（1）如图 3-2 所示连接反应装置；检查装置气密性；向各装置中加入相应试剂；蒸馏烧瓶放置于水浴锅中进行水浴加热；氨气和二氧化碳气体均需通入溶液底部；停止通气时应先关闭进气阀；尾气吸收装置中的普通漏斗下端紧贴酚酞试液液面。

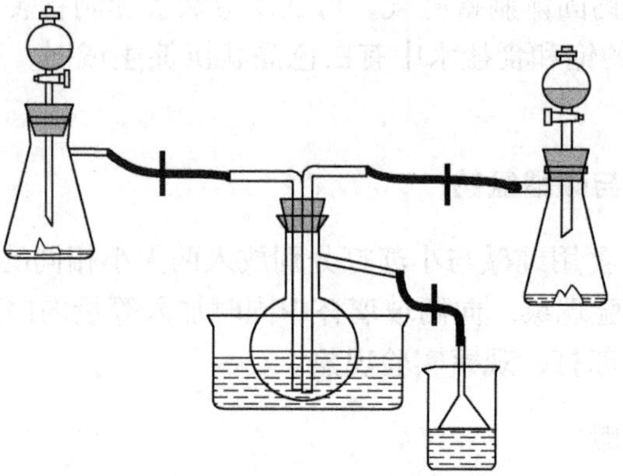

图 3-2　纯碱制备装置

（2）将减压抽滤所得滤液置于分液漏斗后逐渐滴入生石灰中，将产生的气体通入酚酞溶液，观察实验现象（图 3-3）。向具支试管中通入二氧化碳气体，继续观察实验现象。

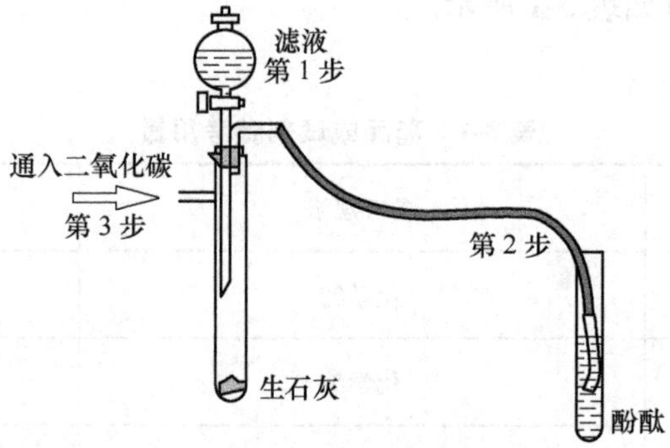

图 3-3　滤液检验装置

【实验现象与结果】

一、侯氏制碱法实验室模拟制备

（1）固体检验：

将得到的固体产物分成 2 份，1 份用坩埚进行灼烧，1 份用烘箱（在 60~70℃温度下）烘干。称取等量灼烧前后的固体粉末，并配制成等体积溶液进行检验。

检验	未灼烧固体			已灼烧固体		
方法	加热	逐滴滴加稀盐酸	滴加等量酚酞试液	加热	逐滴滴加稀盐酸	滴加等量酚酞试液
现象						

（2）滤液检验：

滤液滴入装有一定量生石灰的具支大试管中，将产生的气体通入滴有酚酞试液的溶液中进行检测。反应结束后向大试管中通入二氧化碳，检测是否有沉淀生成。

检验	滤　液		
方法	滤液滴入生石灰	生成的气体通入酚酞试液	向大试管中通入二氧化碳
现象			

二、家庭简易鉴别碳酸钠、碳酸氢钠

检验	碳酸钠		碳酸氢钠	
方法	粉末中滴加白醋	白醋中加入粉末	粉末中滴加白醋	白醋中加入粉末
现象				

三、除去水壶中的水垢

检验	加入碳酸钠					不加碳酸钠				
方法	同时加入等量白醋									
现象	10s	20s	30s	40s	…	10s	20s	30s	40s	…

【交流研讨】

（1）根据侯氏制碱法的原理，除用氨气和二氧化碳气体制备纯碱外还可以用什么方法制备纯碱？

（2）用酚酞试液检验灼烧前后的固体产物时需要注意什么？

（3）对滤液进行检测时为什么要将滤液滴入生石灰，检验对象是什么？

（4）请分析醋酸滴入碳酸钠和碳酸氢钠，或醋酸中加入碳酸钠和碳酸氢钠的实验现象是否相同？

【反思总结】

（1）在饱和食盐水中同时通入氨气和二氧化碳是否会对实验结果造成影响？请说明理由。

（2）制备过程中未将氨气和二氧化碳气体通入饱和食盐水液面下方，是否会对实验结果造成影响？请说明理由。

（3）在制备过程中通入氨气和二氧化碳时不密封反应容器是否会对实验结果造成影响？请说明理由。

（4）使用浓度过高的盐酸是否会对实验结果造成影响？请说明理由。

（5）请计算理论产率和实际产率，如果实际产率过低请分析其原因，并思考如何提高产率。

实验二　常见食品中碘元素的提取与检测

【选题目的】

紫菜含碘量较高，是家庭常用食品之一，紫菜含碘量的高低直接影响紫菜的品质。通过本实验使学生了解碘及其重要化合物的相关性质，知道食品中碘元素的存在形式、简单的检测和提取方法。

【资料背景】

碘单质（I_2）在常温常压下是一种紫黑色有光泽的片状晶体，受热易升华，碘蒸气呈深蓝色，具有刺激性气味。碘在水中的溶解度较小，易溶于多种有机溶剂，如氯仿、四氯化碳、乙醇、乙醚等。碘的化学性质虽不如同主族其他元素单质活泼，但在化学反应中同样表现出一定的化学特性，如碘单质遇到还原剂时，表现出较弱的氧化性，且只能把变价的金属氧化成低价态。同时碘单质在碱性条件下能发生自身氧化还原反应生成碘离子和碘酸根离子。

碘是人体必需的微量元素之一，对人体健康具有重要作用。在人体中，碘以碘化氨基酸的形式集中于甲状腺内，缺乏碘会引起甲状腺肿大，健康成人体内含有 20~50mg 的碘。过量的碘元素也会对人体造成影响，碘具有一定的刺激性和腐蚀性，服用不当可损伤呼吸道和消化道，过量进入体内会作用于组织蛋白引起各组织器官损害。人们常通过食用含碘食物进行补碘，主要有海带、紫菜等产品及含碘食盐。

【基本原理】

一、紫菜中碘单质的提取

利用灼烧法将紫菜中的有机碘化物转化为无机碘化物，溶于水形成碘离子。碘离子具有还原性，可被氧化剂氧化成碘单质。碘单质的水溶性相对较差，但易溶于多种有机溶剂，如氯仿、四氯化碳等。利用四氯化碳对溶液中的碘单质进行萃取，可使碘单质从水层溶出。将氢氧化钠溶液与溶有碘单质的四氯化碳溶液混合，将碘单质进一步转化为碘离子及碘酸根离子，碘离子和碘酸根离子可以溶于水，从四氯化碳层溶出进入水层。利用碘离子和碘酸根在酸性条件下可以发生氧化还原反应的特性，将碘离子和碘酸根再次转变为碘单质，经过浓缩过滤后形成结晶。

相关反应方程式：

$$2I^- + Cl_2 = I_2 + 2Cl^-$$

$$3I_2 + 6OH^- = 5I^- + IO_3^- + 3H_2O$$

$$5I^- + IO_3^- + 6H^+ = 3I_2 + 3H_2O$$

二、含碘盐中碘元素存在形式的检验

碘元素的化合价主要有-1、0、+1、+3、+5、+7 等几种，通常情况下比较稳定且常

见的碘类化合物有碘化物（-1 价）和碘酸盐（+5 价）。而这两种不同价态的碘元素具有不同的氧化还原特性，可通过氧化还原反应转化为碘单质。利用淀粉对碘单质进行检验，其反应原理如下：

$$5I^- + IO_3^- + 6H^+ = 3I_2 + 3H_2O$$

【所需用品】

仪器：天平、镊子、剪刀、铁架台、酒精灯、坩埚、坩埚钳、泥三角、玻璃棒、分液漏斗。

药品：紫菜（市售 50~100g）、30%双氧水、1%淀粉溶液、四氯化碳、45%硫酸溶液、84 消毒液。

【方案设计】

一、碘单质的提取

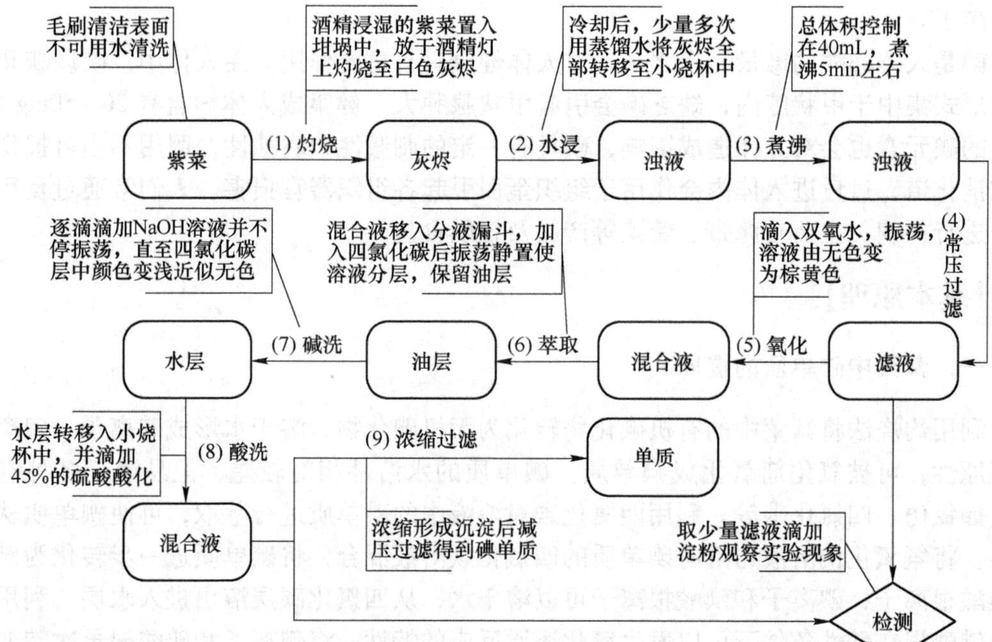

操作提示 1：紫菜表面进行清洁时不可用水进行冲洗以免造成碘元素的流失；

操作提示 2：为使实验现象更明显可适当加大紫菜用量；

操作提示 3：灼烧紫菜时一定要将紫菜灼烧完全变为灰白色灰烬，否则会影响碘元素的提取；

操作提示 4：要控制蒸煮紫菜灰烬时蒸馏水用量，加水量不可过多，以免影响实验效果。

操作提示 5：用双氧水进行氧化时需要提供酸性条件。

二、含碘食盐中碘元素存在形式简易检测

将等量的含碘食盐水溶液（应有较大浓度）分别加入 3 支试管中，并向 3 支试管中滴加一定量的淀粉溶液。向其中 2 支试管中分别逐渐滴加一定浓度的碘化钾和碘酸钾溶液，第 3 支试管不添加任何试剂，晃动 3 支试管并观察溶液的颜色变化。

三、真假紫菜鉴别（家庭巧测碘）

取等量的真假紫菜在火上灼烧至浅灰色灰烬，分别放入两玻璃杯中，加入等量的纯净水溶解并在沸水浴中加热 5min 左右。向两玻璃杯中滴加 10 滴左右 84 消毒液，搅拌均匀后静置 2~3min 左右，向其中滴加淀粉溶液并对比两杯溶液的颜色变化（如果现象不明显可适当加大 84 消毒液或紫菜用量）。

【实验现象与结果】

（1）产品检验

步骤	常压滤液	酸洗后溶液
现象		
结论		

（2）含碘盐中碘元素的存在形式

检验	I_2	IO_3^-	I^-
方法	先加淀粉溶液后不再添加试剂	先加淀粉溶液再加 KI 溶液	先加淀粉溶液再加 KIO_3溶液
现象			

（3）真假紫菜鉴别

检验	真紫菜	假紫菜
方法	加入淀粉溶液	
现象		

【交流研讨】

（1）除紫菜外提取碘单质还可以选用生活中哪些常见的食物？

（2）清洁海带或紫菜时为什么不能用水清洗？

（3）在将碘离子转化为碘单质时，除双氧水外还可以选择哪些药品？

（4）在检测食盐中碘元素存在形式时为什么不检测含+1、+3、+7 三种价态形式的碘化物？

（5）鉴别真假紫菜时为什么可选用 84 消毒液？

【反思总结】

（1）紫菜灰烬灼烧不完全是否会对实验结果造成影响？请说明理由。

（2）溶解灰烬时如果加水量过多是否会对实验结果造成影响？请说明理由。

（3）利用双氧水将碘离子转化为碘单质时不提供酸性条件是否会对实验结果造成影响？请说明理由。

（4）请分析实验过程中燃烧、溶解、过滤、氧化、萃取哪一环节是该实验成功最关键的步骤？请说明理由。

实验三　葡萄酒中 SO_2 含量的测定及性质检验

【选题目的】

二氧化硫是我国允许使用的还原性漂白剂，对食品有漂白和防氧化作用，葡萄酒的防腐主要使用的就是二氧化硫。通过本实验可以使学生知道二氧化硫的化学性质及反应性能，了解用反滴定法测定二氧化硫含量的方法。

【资料背景】

二氧化硫（SO_2）是最简单的硫的氧化物，常温常压下为无色气体，有刺激性气味，易溶于水、乙醇和乙醚。二氧化硫化学性质较为活泼，同时具有氧化性和还原性。潮湿的二氧化硫与硫化氢反应生成硫单质，在高温及催化剂条件下，可被氢气和一氧化碳分别还原为硫化氢和硫单质。强氧化剂可将二氧化硫氧化为三氧化硫或硫酸根离子，如高锰酸钾、氯化铁溶液等。二氧化硫还具有一定的漂白性，能够与某些有色物质化合成不稳定的无色物质，但这种无色物质受热易分解而恢复原来颜色。

二氧化硫在葡萄酒生产过程中具有两种作用：一是将二氧化硫添加到葡萄酒中抑制微生物的活动，杀死葡萄皮表面的杂菌；二是二氧化硫作为一种抗氧化剂，能防止酒的氧化，在保护酒液天然水果特性的同时防止酒液变质。但二氧化硫对人体具有一定危害性，在使用时必须严格按照国家标准用量进行，国标（GB 2760—2014）规定葡萄酒中二氧化硫含量，最大使用量为 0.25g/L（最大使用量以二氧化硫残留量计）。

【基本原理】

一、葡萄酒中二氧化硫含量测定

葡萄酒中的二氧化硫有游离态和结合态两种，在测定时需将葡萄酒中二氧化硫的结合态破坏，可利用二氧化硫酸性氧化物的性质，使其与碱反应转化为相应的亚硫酸盐将二氧化硫固定，然后加入硫酸使酒中的二氧化硫全部游离。而二氧化硫中硫元素为正四价，具有还原性，可与碘单质发生氧化还原反应将碘单质还原为碘离子，而自身被氧化成正六价，成为硫酸根。当碘单质过量时，二氧化硫被全部消耗后仍有部分碘单质存留于溶液之中，以淀粉为指示剂，用硫代硫酸钠标准溶液对剩余碘单质进行滴定，即可计算出碘单质与二氧化硫反应的消耗量，从而得到二氧化硫含量。

有关反应方程式：

$$K_2Cr_2O_7 + 6KI + 14HCl \longrightarrow 2CrCl_3 + 8KCl + 3I_2 + 7H_2O$$

$$I_2 + 2Na_2S_2O_3 \longrightarrow Na_2S_4O_6 + 2NaI$$

$$I_2 + SO_2 + 2H_2O \longrightarrow H_2SO_4 + 2HI$$

$$SO_2 + 2NaOH \longrightarrow Na_2SO_3 + H_2O$$

$$Na_2SO_3 + H_2SO_4 \longrightarrow Na_2SO_4 + H_2O + SO_2\uparrow$$

最后根据国标对葡萄酒中二氧化硫的最大使用量的要求，判断该葡萄酒是否符合国家标准。

二、紫葡萄和红玫瑰的变色实验

二氧化硫具有漂白性，其漂白原理是二氧化硫与有色物质直接化合成不稳定的无色物质，在通常情况下用二氧化硫漂白的物品经过一段时间会逐渐恢复本色。二氧化硫只能漂白某些有色物质，对某些物质无漂白效果，比如二氧化硫只能使石蕊试液变红但不能使其褪色。葡萄皮和玫瑰花中均含有色素，利用二氧化硫漂白性质对比两种色素的变色情况。

三、真假葡萄酒的鉴别

花青素是一种天然色素，颜色随 pH 值的变化而发生变化。通常葡萄酒中的花青素在酸性条件下呈红色或紫色，在碱性条件下呈蓝色或者绿色，其颜色的深浅与花青素的含量呈正相关性。天然酿造的红酒中含有大量的花青素，而勾兑红酒多由酒精、糖精和人工色素等组成，不含有花青素，所以可用碱性物质对真假红酒进行鉴别。

【所需用品】

仪器：分析天平、烧杯、移液管（25mL、50mL）、碘量瓶（250mL）、锥形瓶（250mL）、胶头滴管、碱式滴定管、酸式滴定管、棕色容量瓶（1000mL）、分液漏斗、圆底烧瓶。

药品：白葡萄酒、氢氧化钠、2mol/L 盐酸、碘单质、硫代硫酸钠、重铬酸钾、KI、0.1%淀粉溶液、浓硫酸、亚硫酸钠、紫葡萄、红玫瑰。

【方案设计】

一、葡萄酒中二氧化硫含量的测定

葡萄酒中二氧化硫含量的测定依据 GB 5009.34—2016 和 GB/T 15038—2006。

1. 标准溶液的配制和标定

（1）0.01mol/L 重铬酸钾标液的配制：用分析天平准确称取 0.7~0.8g 左右（精确至万分之一位）已在 120℃ 干燥至恒量的基准重铬酸钾，用水溶解后转移至 250mL 容量瓶中定容，备用。

（2）0.1mol/L 硫代硫酸钠溶液的配制与标定：硫代硫酸钠溶液的配制。称取 12~13g 含结晶水的硫代硫酸钠或 8g 左右的无水硫代硫酸钠溶于 500mL 新煮沸放冷的水中，加入 0.4g 氢氧化钠或 0.2g 碳酸钠，摇匀，贮存于棕色瓶内，放置两周后过滤。

硫代硫酸钠溶液的标定。用 25.00mL 移液管准确吸取重铬酸钾标准溶液放入 250mL 锥形瓶中，加入 1.0g 碘化钾和 10mL 2mol/L 的盐酸，充分摇匀后用表面皿盖好，放在暗处 5min，然后用 50mL 蒸馏水稀释，并用 0.1mol/L 硫代硫酸钠溶液滴定到呈浅黄绿色，然后加入 1%淀粉溶液 5mL，继续滴定到蓝色消失而变为 Cr^{3+} 的绿色即为终点。平行三次，同时做空白试验。

（3）0.005mol/L 碘溶液的配制与标定：称取 6.5g 碘及 17.0g 碘化钾，溶于少量蒸馏水中，待全部溶解后，用蒸馏水稀释至 500mL，混匀，此溶液保存于具有磨口塞的棕色瓶中。将0.05mol/L碘溶液用蒸馏水稀释10倍，得到0.005mol/L碘溶液。

用移液管移取25.00mL 0.005mol/L碘溶液，置于碘量瓶中加100mL水与1mL 2mol/L盐酸溶液，轻摇混匀，用硫代硫酸钠标准溶液滴定至近终点时，加约2mL淀粉溶液，继续滴定至蓝色消失。

2. 葡萄酒中残留的二氧化硫的测定

（1）用移液管移取50.00mL白葡萄酒样品于250mL碘量瓶中，加入25mL 1mol/L NaOH溶液，加塞，摇匀，静置15min。

（2）打开塞子，加入10mL盐酸、1mL淀粉溶液，摇匀之后用碘标准溶液滴定至溶液颜色变蓝且30s内不褪色为止，记录消耗的碘标准滴定溶液体积。重复本步骤3次，记录数据并计算。

二、紫葡萄和红玫瑰的变色实验

将新鲜红玫瑰花瓣和新鲜紫葡萄皮放入一支具支大试管（带双孔塞）中。将二氧化硫导气管与大试管进气口相连，大试管排气口与二氧化硫尾气吸收装置相连。向大试管中通入二氧化硫，观察花瓣与葡萄皮的变色情况。关闭进气口微热大试管，观察花瓣与葡萄皮的变色情况并记录现象。

三、“真假”葡萄酒的简易检验

取一汤匙酿造葡萄酒和勾兑葡萄酒分别加入两相同的透明无色玻璃杯中，加入等量的纯净水进行稀释，使溶液颜色略浅，后将少量的碳酸钠粉末同时加入两玻璃杯中并观察颜色变化。

【实验现象与结果】

（1）葡萄酒中二氧化硫含量的测定：

1）重铬酸钾标准溶液配制：

药品	项目	数值
$K_2Cr_2O_7$	m/g	
	V/mL	
	c/mol·L^{-1}	

2）硫代硫酸钠溶液的标定：

药品	项目	1	2	3
$K_2Cr_2O_7$	V/mL			
$Na_2S_2O_3$	$V_{初}$/mL			
	$V_{终}$/mL			
	c/mol·L^{-1}			
	$\bar{c}$/mol·L^{-1}			

3）碘溶液的标定：

药品	项目	1	2	3
I_2	V/mL			
$Na_2S_2O_3$	$V_{初}$/mL			
	$V_{终}$/mL			
I_2	$c/\text{mol}\cdot\text{L}^{-1}$			
	$\bar{c}/\text{mol}\cdot\text{L}^{-1}$			

4）葡萄酒中二氧化硫的含量测定：

药品	项目	1	2	3
葡萄酒待测液	V/mL			
I_2	$V_{初}$/mL			
	$V_{终}$/mL			
SO_2	$m/\text{g}\cdot\text{L}^{-1}$			

葡萄酒中二氧化硫含量的计算公式：

$$X=\frac{c\times(V-V_0)\times M}{V_{待测液}}$$

式中 X——试样中的二氧化硫总含量（以 SO_2 计），单位为克每升，g/L；

V——滴定样品所用的碘标准溶液体积，单位为毫升，mL；

V_0——空白试验所用的碘标准溶液体积，单位为毫升，mL；

M——二氧化硫的摩尔质量，单位为克/摩尔，g/mol；

c——碘标准溶液浓度，单位为摩尔每升，mol/L；

$V_{待测液}$——移取的葡萄酒待测液的体积，单位为毫升，mL。

（2）紫葡萄和红玫瑰的变色实验：

检验	紫葡萄皮					红玫瑰花瓣				
方法	通入二氧化硫									
现象	10s	20s	30s	40s	…	10s	20s	30s	40s	…
方法	停止通入二氧化硫并微热									
现象	10s	20s	30s	40s	…	10s	20s	30s	40s	…

（3）“真假”红酒鉴别：

检验	酿造葡萄酒	勾兑葡萄酒
方法	加入碳酸钠	
现象		

【交流研讨】

（1）解释为什么配制碘标准溶液时需要加入碘化钾和硫酸溶液？

（2）向放有紫葡萄和红玫瑰花瓣的试管中通入氯气，实验现象是否与通入二氧化硫相同？

（3）从花青素性质的角度思考，除利用酸碱变色鉴别真假葡萄酒外还可以使用哪些方法？

【反思总结】

（1）不对硫代硫酸钠进行标定，直接用于滴定，是否会对实验结果造成影响？请说明理由。

（2）用新配制的硫代硫酸钠标液进行标定是否会对实验结果造成影响？请说明理由。

（3）检测葡萄酒时不加氢氧化钠是否会对实验结果造成影响？请说明理由。

实验四 葡萄糖酸钙的制备及含量测定

【选题目的】

葡萄糖酸钙是一种可促进骨骼生长的营养物质，是市售常见补钙保健药物之一。通过本实验操作能够帮助学生了解葡萄糖中所含的官能团及其反应特性，知道葡萄糖酸钙基本的制作原理，了解配位滴定法测定钙元素含量，并间接测定葡萄糖酸钙含量的测定方法。

【资料背景】

葡萄糖（$C_6H_{12}O_6$）是一种多羟基醛，常温下为无色晶体，有甜味，易溶于水，微溶于乙醇，不溶于乙醚。葡萄糖具有醇和醛的通性，具体表现为醛基的还原性可与银氨溶液和新制氢氧化铜反应生成银单质（银镜反应）、氧化亚铜和羧酸；羟基与羧酸发生酯化反应生成酯；葡萄糖在生物体内发生氧化反应，放出热量，生成二氧化碳和水。葡萄糖作为一种单糖，可由二糖或多糖水解制得，如麦芽糖、淀粉、纤维素等。

葡萄糖在生物学领域具有重要地位，是活细胞的能量来源和新陈代谢的中间产物，即生物的主要供能物质，在医药和糖果制造业领域有着广泛应用。同时，葡萄糖作为微生物的碳源，是发酵培养基的主要原料，如抗生素、味精、维生素、氨基酸、有机酸、酶制剂等的制取都需大量使用葡萄糖。

【基本原理】

一、葡萄糖酸钙的制备

葡萄糖是一种多羟基醛，因分子中含有还原性醛基，能被氧化剂氧化为葡萄糖酸。本实验选用的氧化剂是双氧水，在无任何催化剂的作用下，可把葡萄糖氧化成葡萄糖酸。加入的碳酸钙可与葡萄糖酸发生复分解反应生成二氧化碳和葡萄糖酸钙。

有关反应方程式：

$$C_6H_{12}O_6 + H_2O_2 \longrightarrow C_6H_{12}O_7 + H_2O$$

$$2C_6H_{12}O_7 + CaCO_3 \longrightarrow Ca(C_6H_{11}O_7)_2 + H_2O + CO_2\uparrow$$

相关物质的溶解度见表 3-2。

表 3-2 相关物质溶解性

物质名称	葡萄糖	葡萄糖酸	葡萄糖酸钙
水中的溶解性	易溶	可溶	可溶于冷水，易溶于热水
乙醇中的溶解性	微溶	微溶	微溶

二、葡萄糖酸钙含量的测定

葡萄糖酸钙含有钙元素，可通过配位滴定法测定钙元素含量来间接测定葡萄糖酸钙含量。EDTA 是乙二胺四乙酸二钠盐（缩写为 $Na_2H_2Y \cdot 2H_2O$），可与钙、镁、铜、锌等多种金属离子形成配位化合物。在测定时，取适量样品溶解，加 NH_3-NH_4Cl 缓冲溶液与 EBT（铬黑 T）指示剂，铬黑 T 与少量 Ca^{2+} 反应，形成相对稳定性的酒红色配合物，在滴定过程中，EDTA 与游离的 Ca^{2+} 配位形成更稳定的配合物（与指示剂配合物比较），并夺取指示剂配合物中的 Ca^{2+} 使指示剂脱离，溶液又呈现出指示剂的天蓝色（在一定 pH 范围）即到滴定终点。其相关反应：

$$Ca^{2+} + H_2In^- \longrightarrow CaIn^-\text{（红色）} + 2H^+$$

$$Ca^{2+} + H_2Y^{2-} \longrightarrow CaY^{2-} + 2H^+$$

$$H_2Y^{2-} + CaIn^- \longrightarrow H_2In^-\text{（蓝色）} + CaY^{2-}$$

三、淀粉水解产物的检验

淀粉可以在酸催化下发生水解反应，其最终产物为葡萄糖，反应过程如下：

$$\underset{\text{淀粉}}{(C_6H_{12}O_5)_m} \longrightarrow \underset{\text{糊精}}{(C_6H_{10}O_5)_n} \longrightarrow \underset{\text{麦芽糖}}{C_{12}H_{22}O_{11}} \longrightarrow \underset{\text{葡萄糖}}{C_6H_{12}O_6}$$

碘遇淀粉呈蓝色，当淀粉被水解转化为还原性的单糖后蓝色消失。生成的葡萄糖可与新制氢氧化铜或银氨溶液发生氧化还原反应。

【参考用品】

仪器：水浴锅、烧杯、玻璃导管、普通漏斗、布氏漏斗、抽滤瓶、真空泵、定性滤纸、烘箱、蒸发皿、玻璃棒、酸式滴定管（50mL）、锥形瓶（250mL）、分析天平、三脚架、石棉网、酒精灯、吸量管（25mL）、量筒（100mL）。

药品：葡萄糖、30%双氧水、碳酸钙、蒸馏水、无水乙醇、10%碳酸钠溶液、EDTA、三精葡萄糖酸钙口服液、6mol/L 盐酸、0.1mol/L NH_3-NH_4Cl 缓冲溶液、EBT（铬黑T）指示剂、1%淀粉、20%硫酸、稀碘液。

【方案设计】

一、葡萄糖酸钙的制备

操作提示 1：温度控制较为关键，双氧水遇热易分解，因此，为提高反应效率，反应温度不能过高，并且可以分次加入双氧水。

操作提示 2：碳酸钙与葡萄糖酸反应会产生大量二氧化碳气体，容易导致反应体系的溶液溢出，因此，在向三口瓶中加入碳酸钙时一定要遵循少量多次原则，待反应稳定后再加入下一批。

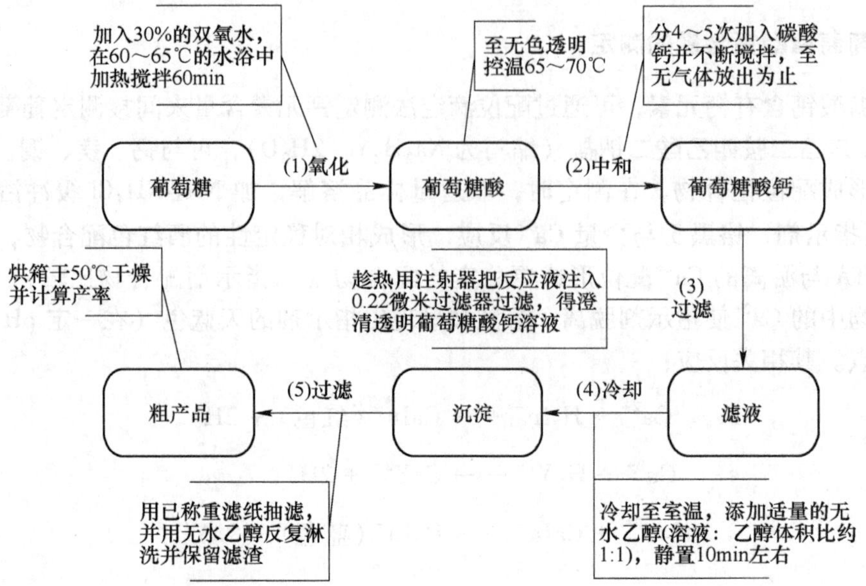

二、葡萄糖酸钙含量的测定

（一）EDTA 标准溶液的配制与标定

尽管 EDTA 可制得纯品，但 EDTA 具有与金属离子配位反应的普遍性，即使是水或者其他试剂中的微量金属离子或器壁上溶出的金属离子也会与 EDTA 反应，故常用间接法配制标准溶液。

称取约 8.5g 乙二胺四乙酸二钠，用少量蒸馏水溶解并在 500mL 容量瓶中定容。准确称取 $CaCO_3$ 基准物质 0.5～0.6g（精确至万分之一）于小烧杯中，盖以表面皿，加水润湿。从烧杯嘴处逐滴加入 6mol/L 盐酸至碳酸钙完全溶解，用水把表面皿上的溶液冲入烧杯中，加热近沸，待冷却后移入 250mL 容量瓶中定容。用移液管移取 25.00mL 标准钙溶液，置于锥形瓶中，加入约 25mL 水、10mL NH_3-NH_4Cl 缓冲溶液及芝麻大小（约 1mg）的钙指示剂，摇匀，用 EDTA 待测液滴定，溶液由紫红色变成纯蓝色，即为终点。

（二）葡萄糖酸钙含量的测定

将一瓶葡萄糖酸钙口服溶液移入 50.00mL 容量瓶中定容。每次用移液管移取 10.00mL 葡萄糖酸钙待测液于 250mL 锥形瓶中，加入 50mL 左右蒸馏水，10mL 左右 NH_3-NH_4Cl 缓冲溶液和芝麻大小（约 1mg）的钙指示剂。用 EDTA 标液滴定，溶液由紫红色转变为纯蓝色即为终点，记录消耗 EDTA 标液的体积。计算得样品中 Ca^{2+} 含量后可计算样品中的葡萄糖酸钙含量及百分含量，平行测定 3 次，求平均值。

三、淀粉水解产物的检验

在锥形瓶中加入 10mL 1%淀粉溶液和数滴 20%硫酸，混合均匀后用沸水浴加热，按一定的时间间隔（1min 左右）用滴管取少量反应液置于白瓷板上做碘实验，待反应液不与稀碘液发生显色反应后，各取 1mL 反应液分别滴入 2 支试管内，用 10%碳酸钠溶液中和，并分别加入新制的氢氧化铜和银氨溶液，加热，观察并记录反应现象。

【参考用量】

药品或试剂参考用量见表 3-3。

表 3-3　药品或试剂参考用量

药品/试剂	参考规格	参考用量
葡萄糖	化学纯	10g
双氧水	30%	20mL
碳酸钙	化学纯	5g
淀粉溶液	1%	50mL
硫酸溶液	20%	20mL

【实验现象与结果】

（1）葡萄糖酸钙的产品检验：

项　目	结　果
观察外观	
计算产率	

（2）葡萄糖酸钙含量测定：

1）配制钙标准溶液；

药　品	项　目	数　值
$CaCO_3$	m/g	
	V/mL	
	c/mol·L^{-1}	

2）EDTA 溶液的标定：

药品	项目	1	2	3
钙标准溶液	V/mL			
	$V_{初}$/mL			
	$V_{终}$/mL			
EDTA 溶液	c/mol·L^{-1}			
	$\bar{c}$/mol·L^{-1}			

3）葡萄糖酸钙的测定：

药品	项目	1	2	3
EDTA 标准溶液	V_1/mL			
	V_2/mL			
待测样品	V/mL			
	m/mg·g^{-1}			
	$\overline{m}$/mg·g^{-1}			

葡萄糖酸钙含量的计算：

$$w=\frac{c_{EDTA}\times(V_2-V_1)\times M_{葡萄糖酸钙}}{m_{葡萄糖酸钙}\times\frac{10.00}{50.00}}$$

式中　w——葡萄糖酸钙含量，mg/g；

V_1——EDTA 标准溶液滴定前的读数，mL；

V_2——EDTA 标准溶液滴定后的读数，mL；

c_{EDTA}——EDTA 标准溶液浓度，mol/L；

$M_{葡萄糖酸钙}$——葡萄糖酸钙的摩尔质量，g/mol；

$m_{葡萄糖酸钙}$——单支三精葡萄糖酸钙口服液的质量，g。

（3）淀粉水解产物的检验：

检验	淀粉水解产物		
方法	滴加碘水	加入新制氢氧化铜	加入新制银氨溶液
现象			

【交流研讨】

（1）除双氧水外还可以选择哪些试剂作为氧化剂？

（2）在标定 EDTA 时可否直接使用氯化钙作为基准物？

（3）淀粉水解时可否选用氢氧化钠进行中和，为什么？

【反思总结】

（1）不用 0.22μm 过滤器进行过滤是否会对产物造成影响？请说明理由。

（2）不对 EDTA 进行标定，直接用于滴定，是否会对实验结果造成影响？请说明理由。

（3）测定葡萄糖酸钙含量时不添加 NH_3-NH_4Cl 缓冲溶液而改用氢氧化钠溶液调节 pH 值是否会对实验结果造成影响？请说明理由。

第四章　中学化学综合实验

实验一　钠及其重要化合物性质探究

【高考链接】

钠及其重要化合物性质的知识是帮助学生学习和掌握金属及其化合物的重要基础，是高考考查的重要内容之一。高考有关钠及其化合物考查的重点主要包括金属钠的物理性质和化学性质、Na_2O 和 Na_2O_2 的性质、Na_2CO_3 与 $NaHCO_3$ 的性质和鉴别及相互转化、焰色反应等。从近五年高考试题来看，涉及与碱金属及其重要化合物相关的试题主要包括 2013 年全国Ⅰ卷第 27 题 15 分、上海卷第 11 题 14 分、广东卷第 23 题 6 分，2014 年全国Ⅰ卷第 8 题 6 分、全国Ⅱ卷第 7 题 6 分、北京卷第 7 题 6 分、上海卷第 19 题 4 分、福建卷第 25 题 15 分，2015 年全国Ⅱ卷第 13 题 6 分、北京卷第 11 题 6 分、天津卷第 5 题 6 分、福建卷第 3 题 6 分，2016 年全国Ⅱ卷第 12 题 6 分、北京卷第 28 题 16 分、上海卷第 12 题 3 分、江苏卷第 21 题 12 分，2017 年全国Ⅰ卷第 13 题 6 分、全国Ⅲ卷第 11 题 6 分、北京卷第 8 题 6 分、天津卷第 1 题 6 分、江苏卷第 3 题 2 分、海南卷第 14 题 8 分、海南卷第 16 题 10 分、浙江卷第 4 题 2 分。

【实验目的】

《普通高中化学课程标准（2017 年版）》在“四、课程内容”的“（一）必修课程”中将“金属钠的性质”和“碳酸钠与碳酸氢钠性质的比较”列为“实验及探究活动”的内容。金属钠是典型的金属元素，氧化钠、过氧化钠和氢氧化钠溶于水后均形成强碱性溶液。本实验对金属钠及其重要化合物的性质进行探究，帮助学生掌握金属钠、氧化钠、过氧化钠、氢氧化钠的主要性质，掌握碳酸钠与碳酸氢钠的性质、鉴别及相互转化等知识，形成钠及其重要化合物知识体系。

【实验用品】

仪器：表面皿、坩埚、具支试管、小试管、试管架、带试管夹的铁架台、玻璃棒、小气球、小刀等。

药品：金属钠、碳酸钠固体、碳酸氢钠固体、0.1mol/L 的碳酸钠溶液、0.1mol/L 的碳酸氢钠溶液、0.5mol/L 的盐酸、0.1mol/L 的氯化镁溶液、酚酞试剂、石蕊试剂、pH 试纸等。

【实验原理】

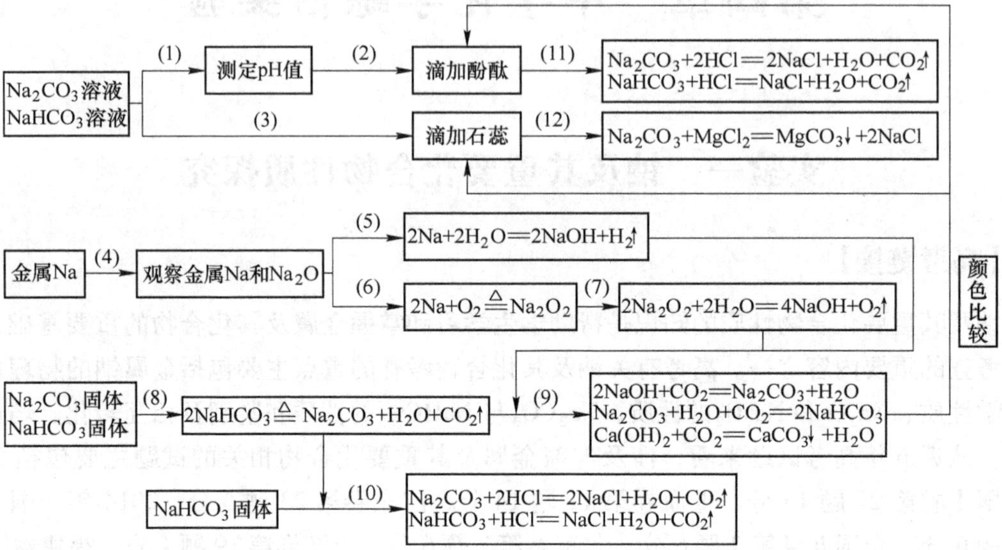

【实验步骤】

（1）分别量取 10mL 0.1mol/L 的 Na_2CO_3溶液和 $NaHCO_3$溶液置于试管中，用两支玻璃棒分别蘸取上述溶液，滴于 pH 试纸上，与 pH 试纸标准比色卡进行对比，读出 Na_2CO_3溶液和 $NaHCO_3$溶液的 pH 值。

（2）向 Na_2CO_3溶液和 $NaHCO_3$溶液中分别滴入 3~5 滴酚酞试液，观察颜色变化情况，将试管编为 1 号和 2 号，置于试管架备用。

（3）分别量取 10mL 0.1mol/L 的 Na_2CO_3溶液和 $NaHCO_3$溶液置于试管中，分别滴入 3~5 滴石蕊试液，观察颜色变化情况，将试管编为 3 号和 4 号，置于试管架备用。

（4）取绿豆大小的一块金属钠，用滤纸吸干表面的煤油后，观察金属钠表面的颜色；用小刀将其切成两半，观察切开部位金属钠的颜色；将切开的金属钠置于表面皿中，观察切开部位颜色的变化。

（5）在烧杯中倒入约 10mL 蒸馏水，滴入 3~5 滴酚酞试液后，将其中一块金属钠放入烧杯中，观察实验现象；待反应结束后将溶液转移至试管中，将试管编为 5 号，置于试管架备用。

（6）用滤纸将步骤（4）中另一块金属钠上的煤油吸干后放在坩埚中，将坩埚置于铁架台上，用酒精灯加热至金属钠燃烧，观察实验现象。

（7）将生成的淡黄色固体转入盛有 10mL 蒸馏水的试管中，观察实验现象；待有大量气泡产生时，倾斜试管，将带火星的火柴梗置于试管口，观察实验现象；向试管中滴入 3~5 滴石蕊试剂，将试管编为 6 号，置于试管架备用。

（8）按照图 4-1 所示安装实验装置，具支试管和小试管中分别加入 5.3g Na_2CO_3固体和 4.2g $NaHCO_3$固体，与小试管相连的导气管后依次连接 5 号和 6 号小试管，7 号和 8 号小试管中盛装澄清石灰水，加热具支试管，观察具支试管和小试管中的实验现象。

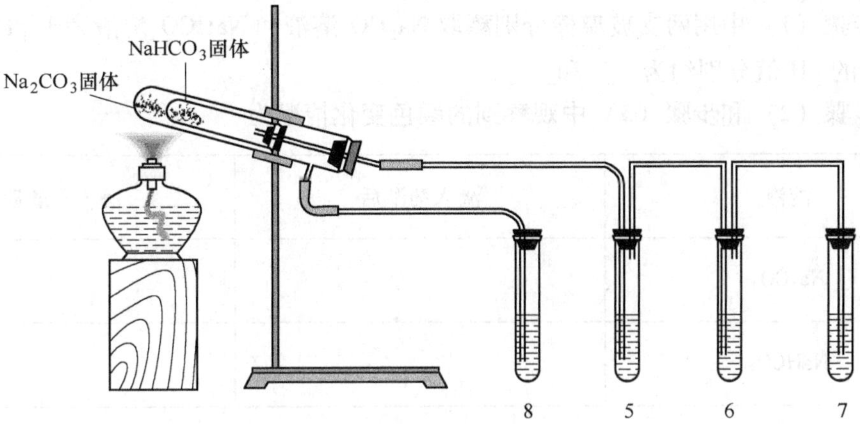

图 4-1 碳酸钠固体与碳酸氢钠固体热稳定性比较

（9）观察生成的气体依次通过 5 号和 6 号小试管中溶液颜色变化情况，并分别与步骤（2）中的 1 号和 2 号以及步骤（3）中的 3 号和 4 号小试管中溶液的颜色进行对比；在观察到 7 号小试管中澄清石灰水变浑浊且导气管中没有气泡逸出时撤去导管，停止加热，将小试管置于试管架备用。

（10）待试管中剩余固体冷却后称其质量，称取与其质量相等的 $NaHCO_3$固体，分别装入气球中，将气球套在装有约 10mL 0.5mol/L 的 HCl 溶液的大试管管口，进行图 4-2 所示实验，观察实验现象。

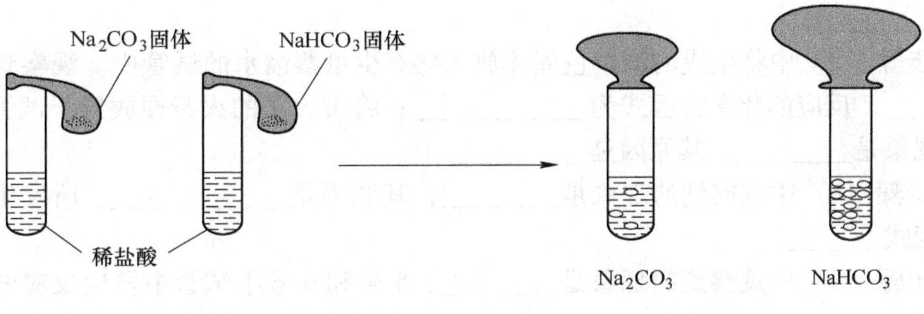

图 4-2 质量相等的碳酸钠固体和碳酸氢钠固体与足量稀盐酸反应

（11）分别量取两份 5mL 0.5mol/L 的 HCl 溶液置于两支绑有气球的具支试管中，将步骤（2）中的 1 号和 2 号小试管中的溶液分别倒入两支具支试管后，迅速用橡胶塞塞紧具支试管口，振荡具支试管，进行类似步骤（10）的实验，观察实验现象。

（12）向步骤（3）中的 3 号和 4 号试管中分别逐滴加入 3~5 滴 0.1mol/L 的 $MgCl_2$溶液，观察实验现象。

【知识回顾】

依据上述实验回答下列问题：

1. 步骤（1）中用两支玻璃棒分别蘸取 Na_2CO_3 溶液和 $NaHCO_3$ 溶液滴于 pH 试纸上，测得两者的 pH 值分别约为____和____。

2. 步骤（2）和步骤（3）中观察到的颜色变化情况为

溶液	滴入酚酞后	滴入石蕊后
Na_2CO_3		
$NaHCO_3$		

由颜色变化情况可见，Na_2CO_3 溶液比 $NaHCO_3$ 的碱性____（填写“强”或者“弱”）。

3. 步骤（4）中观察到金属钠表面颜色为________，切开部位金属钠的颜色为________，切开部位金属钠的颜色变化现象为________，证明金属钠________，发生反应的方程式为____________，生成物的电子式为____________，因此，金属钠需要保存在石蜡油或煤油中。

4. 步骤（5）中观察到的现象是____________，其原因是____________，反应的化学方程式为____________。

5. 步骤（6）中观察到的现象是____________，反应的化学方程式为____________，生成物的电子式为____________，其中氧元素的化合价为____________。

6. 步骤（7）中将生成的淡黄色固体放入盛有少量蒸馏水的试管中，观察到的现象是________，反应的化学方程式为____________；将带火星的火柴梗放置于试管口，观察到的现象是________，其原因是____________。

7. 步骤（8）中观察到的现象是________，其原因是____________，所发生反应的化学方程式____________。

8. 步骤（9）中观察到的现象是________，5 号和 6 号小试管中发生反应的化学方程式分别为____________和____________，7 号小试管中石灰水变浑浊所发生反应的化学方程式为____________。

9. 在步骤（10）中观察到的现象是________，其原因是____________，Na_2CO_3 和 $NaHCO_3$ 分别与足量稀盐酸发生反应的化学方程式分别为____________和____________。

10. 步骤（11）中观察到的现象是________，其原因是____________。

11. 步骤（12）中向 Na_2CO_3 溶液和 $NaHCO_3$ 溶液中分别逐滴加 $MgCl_2$ 溶液，观察到的现象：

溶液	滴加 $MgCl_2$ 溶液后的现象
Na_2CO_3	
$NaHCO_3$	

其中，生成沉淀所发生反应的化学方程式为________。

实验二　铁及其重要化合物性质探究

【高考链接】

铁作为最常见的副族元素，对其金属单质和化合物性质的考查在历年高考中占有较大的比重。二价铁与三价铁的性质和检验以及两者之间的相互转化等知识都是高考考查的重点内容。从近五年高考试题来看，涉及与铁族元素及其重要化合物相关的试题主要包括2013年全国Ⅱ卷第10题6分、北京卷第8题6分、广东卷第10题4分，2014年全国Ⅰ卷第8题6分、全国Ⅱ卷第9题6分、江苏卷第21题12分、福建卷第24题15分、浙江卷第26题15分，2015年全国Ⅰ卷第10题6分、北京卷第12题6分、北京卷第28题15分、浙江卷第13题6分、四川卷第1题6分、海南卷第17题11分、天津卷第10题14分，2016年全国Ⅰ卷第10题6分、全国Ⅱ卷第28题15分、全国Ⅲ卷第7题6分、北京卷第12题6分、北京卷第26题13分、四川卷第2题6分、上海卷第17题3分，2017年全国Ⅰ卷第27题14分、全国Ⅱ卷第13题6分、全国Ⅲ卷第26题14分、北京卷第28题16分、浙江卷第24题2分、浙江卷第28题4分。

【实验目的】

《普通高中化学课程标准（2017年版）》在“四、课程内容”的“（一）必修课程”中将“铁及其化合物的性质”列为“学生必做实验”，将“铁及其化合物的性质实验”和“氢氧化亚铁的制备”列为“实验及探究活动”的内容。铁与盐酸反应生成二价铁，在氯气中点燃生成三价铁，在氧气中点燃生成四氧化三铁，二价铁与三价铁之间能够在一定条件下发生转化。本实验从铁粉与水蒸气的反应入手，对铁及其重要化合物性质进行探究，帮助学生理解“铁三角”中不同价态铁的性质及其相互之间的转化等知识，形成铁及其重要化合物知识体系，进而理解和掌握副族元素及其化合物的性质。

【实验用品】

仪器：大试管、小试管、胶头滴管、容量瓶（100mL）、量筒（10mL）、铁架台、酒精灯等。

药品：铁粉、氯水、硫氰化钾溶液、苯酚溶液、碘化钾溶液、铁氰化钾溶液、四氯化碳、0.5mol/L的氢氧化钠溶液等。

【实验原理】

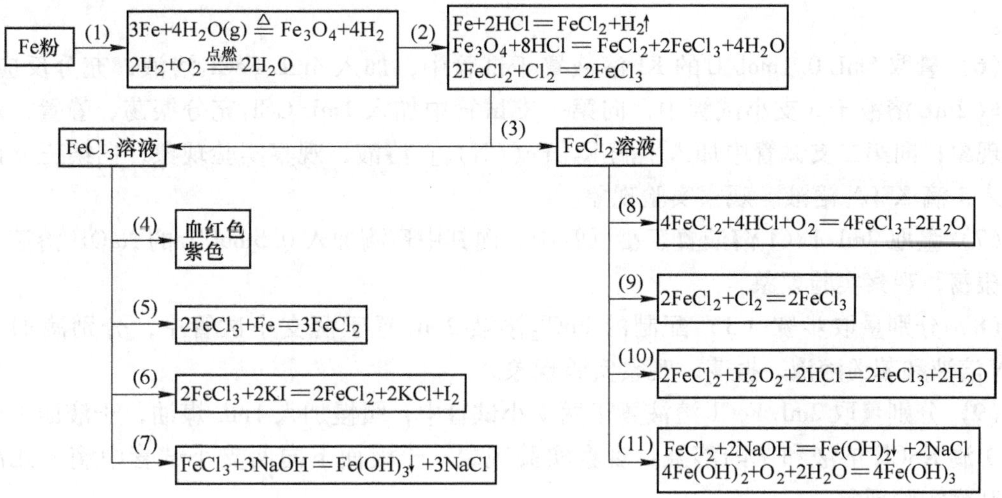

【实验步骤】

（1）按照如图 4-3 所示，取一小团棉花，用蒸馏水润湿后置于大试管底部，称取 0. 56g 还原铁粉置于试管中部，用带导管的橡胶塞塞住瓶口，将导管的另一端插入盛有肥皂水的蒸发皿中，用酒精灯加热大试管，用火柴点燃坩埚中形成的气泡，观察实验现象。

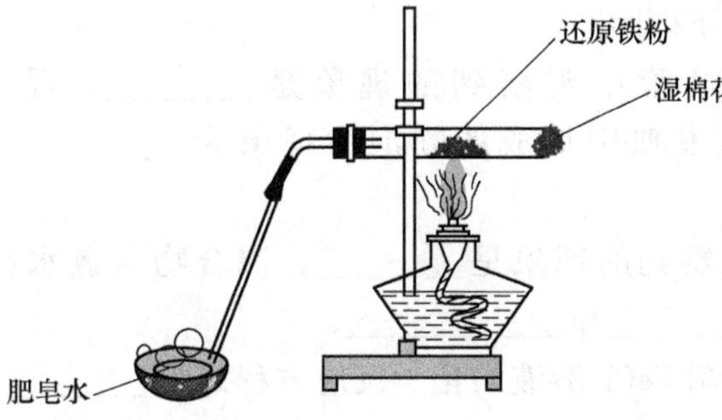

图 4-3　铁粉与水蒸气反应

（2）步骤（1）结束后，将大试管中的混合物转移至烧杯中，向烧杯中加入新制氯水，边加边用玻璃棒搅拌，观察实验现象。

（3）待固体完全溶解后，将所得溶液分成两等份，将其中一份转移至 50mL 的容量瓶中，配制浓度为 0. 1mol/L 的 $FeCl_3$溶液，备用；向另一份溶液中加入铁粉至烧杯中有少量未溶解的铁粉，配制 $FeCl_2$溶液，备用。

（4）分别量取约 2mL 0. 1mol/L 的 $FeCl_3$溶液置于两支小试管中，分别滴加 1 滴 KSCN 溶液和苯酚溶液，观察实验现象。

（5）量取2mL $FeCl_3$溶液置于小试管中，边振荡边加入少量铁粉，至试管中有极少量铁粉不再溶解，将所得溶液分成两等份，分别滴加1滴KSCN溶液和苯酚溶液，观察实验现象。

（6）量取5mL 0.1mol/L的KI溶液置于试管中，加入4mL $FeCl_3$溶液，充分反应后，分别取2mL溶液于3支小试管中，向第一支试管中加入1mL CCl_4充分振荡、静置，观察实验现象；向第二支试管中加入1滴$K_3[Fe(CN)_6]$溶液，观察实验现象；向第三支试管中加入1滴KSCN溶液，观察实验现象。

（7）量取2mL $FeCl_3$溶液置于小试管中，向其中逐滴加入0.5mol/L的NaOH溶液，边加边振荡，观察实验现象。

（8）分别量取步骤（3）配制的$FeCl_2$溶液2mL置于两支小试管中，分别滴加1滴KSCN溶液和苯酚溶液，振荡，观察实验现象。

（9）分别量取2mL $FeCl_2$溶液置于两支小试管中，缓慢加入1mL煤油，于液面下分别滴入1滴KSCN溶液和苯酚溶液，观察实验现象；于液面下向两支小试管中滴入几滴氯水，观察实验现象。

（10）向盛有2mL H_2O_2溶液的试管中加入几滴$FeCl_2$溶液，观察实验现象。

（11）量取5mL $FeCl_2$溶液置于小试管中，缓慢加入1mL煤油，用胶头滴管吸取氢氧化钠溶液，将滴管尖端插入试管里溶液液面下，逐滴滴入氢氧化钠溶液，观察实验现象；用吸管从小试管下部吸出部分沉淀，置于蒸发皿中，观察实验现象。

【知识回顾】

依据上述实验回答下列问题：

1. 步骤（1）大试管中观察到的现象是________，反应的化学方程式为____________；点燃蒸发皿中形成的气泡的现象为________，反应的化学方程式为____________。

2. 步骤（2）中观察到的现象是________，混合物与氯水反应的化学方程式为____________、____________和____________。

3. 步骤（3）中配制$FeCl_2$溶液的化学反应方程式为____________；加入少量铁粉的作用是________。

4. 步骤（4）中分别滴加1滴KSCN溶液和苯酚溶液后，溶液的颜色分别变为______和______。

5. 步骤（5）中观察到的现象是________，原因是____________，发生反应的离子方程式为____________。

6. 步骤（6）中观察到第一支试管的现象是________，发生反应的离子方程式为____________，所用到的化学原理为____________；第二支试管中加入1滴$K_3[Fe(CN)_6]$溶液，检验的离子是____（填离子符号）；第三支试管中检验的离子是

____________（填离子符号）；第一支试管和第三支试管中的实验现象表明，在I^-过量的情况下，溶液中仍含有____（填离子符号），由此可以证明该氧化还原反应为____________。

7. 步骤（7）中观察到的现象是________，反应的化学方程式为____________；Fe^{3+}除了与NaOH等强碱反应生成胶体外，还具有较强的水解性和氧化性，Fe^{3+}发生水解时的离子方程式为____________，与Cu发生氧化还原反应的离子方程式为____________。

8. 步骤（8）中观察到的现象是________，反应的化学方程式为____________。

9. 步骤（9）中加入煤油的作用是________；观察到的现象分别是____________，其原因是____________；于液面下向两支小试管中滴入几滴氯水，观察实验现象分别是________，反应的化学方程式为____________。

10. 步骤（10）中向盛有的H_2O_2溶液的试管中加入几滴酸化的$FeCl_2$溶液，溶液变为棕黄色，发生反应的离子方程式分别为____________；一段时间后，溶液中有气泡出现，并放热，随后有红褐色沉淀生成，产生气泡的原因是____________，生成沉淀的原因是____________（用平衡移动原理解释）。

11. 步骤（11）中加入煤油的作用是________，发生反应的离子方程式为____________。

实验三 氮及其重要化合物性质探究

【高考链接】

氮及其重要化合物性质的知识涉及面比较广，是非金属元素命题的热点之一。氨及铵盐的性质，NO_x和硝酸及硝酸盐的性质等都是高考的热点内容。从近五年高考试题来看，涉及与氮族元素及其重要化合物相关的试题主要包括2013年北京卷第26题14分、上海卷第7题3分，2014年全国Ⅰ卷第27题15分、天津第10题14分，2015年全国Ⅰ卷第7题6分、北京卷第8题6分、上海卷第18题4分、广东卷第33题17分，2016年全国Ⅰ卷第26题14分、全国Ⅱ卷第26题14分、全国Ⅲ卷第27题15分、北京卷第26题13分，2017年全国Ⅰ卷第26题15分、全国Ⅲ卷第28题14分、北京卷第27题12分、江苏卷第20题14分、浙江卷第29题4分。

【实验目的】

《普通高中化学课程标准（2017年版）》在“四、课程内容”的“（一）必修课程”中将“氨气的制备及性质”“铵盐的性质”“浓、稀硝酸的性质”和“氮氧化物的转化”列为“实验及探究活动”的内容。氨气既有氧化性又有还原性，氮元素既有氢化物又有氧化物，氮的氢化物与氧化物又能反应生成氮气和水。本实验从NH_3的制备入手，对氮及其重要化合物的性质进行探究，帮助学生掌握氮及其重要化合物的性质，形成氮及其重要化合物的知识体系。

【实验用品】

仪器：大试管、干燥管、硬质玻璃管、圆底烧瓶、橡胶塞、酒精灯、集气瓶、具支试管、分液漏斗、铁架台、注射器（50mL）、注射器（100mL）等。

药品：氢氧化钙固体、氯化铵固体、碱石灰、氧化铜粉末、细铜丝、二氧化锰粉末、10%的双氧水溶液、6mol/L的硝酸。

【实验原理】

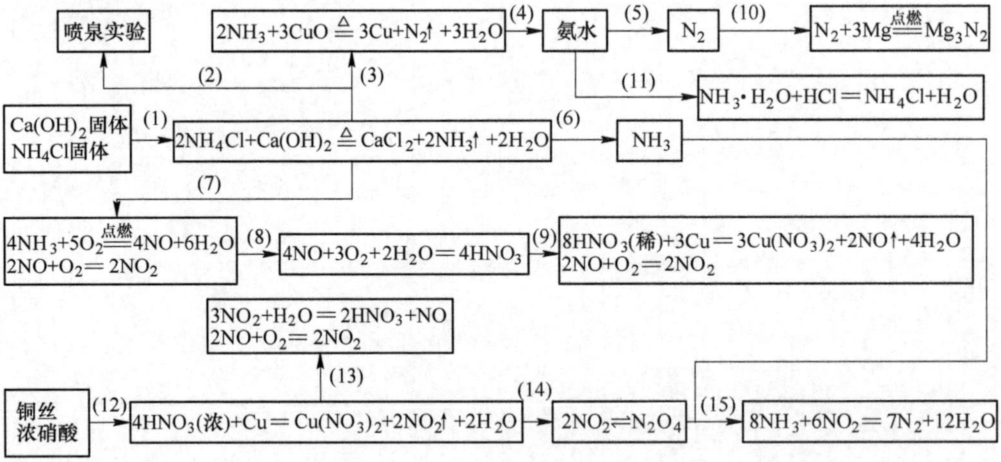

【实验装置】

安装如图4-4所示NH_3的制备和性质检验实验装置。向制备NH_3装置的大试管底部平铺研磨好且烘干的6.6g氢氧化钙和5.0g氯化铵固体混合物，干燥管中装入碱石灰；三通管的K_1与喷泉实验装置相连，烧杯中盛装滴有酚酞的蒸馏水；K_2与氨气还原氧化铜等装置相连，硬质玻璃管中放置4.9g氧化铜粉末，洗气装置中盛装滴有酚酞的蒸馏水，后接排水集气装置。

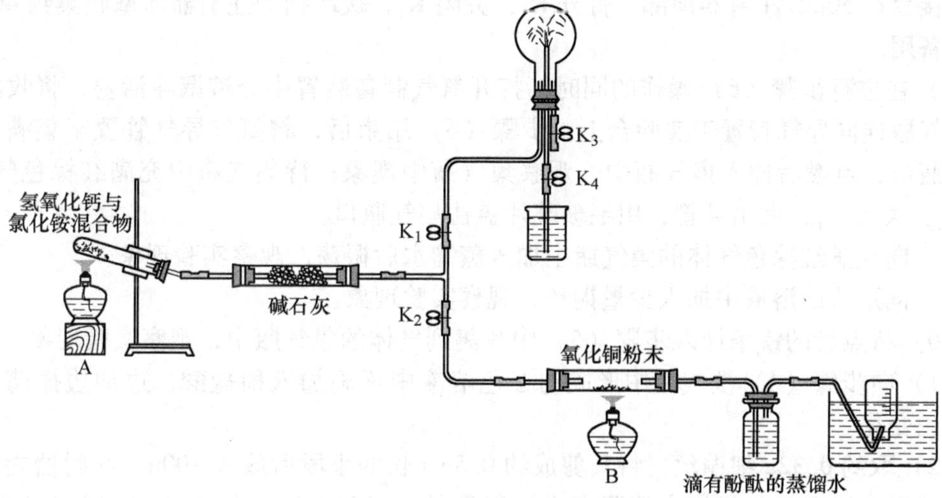

图4-4　氨气的制备和性质检验

安装如图4-5所示氧气制备装置。分液漏斗和大试管中分别盛装30mL 10%的双氧水溶液和0.2g MnO_2粉末，后接排水集气装置。

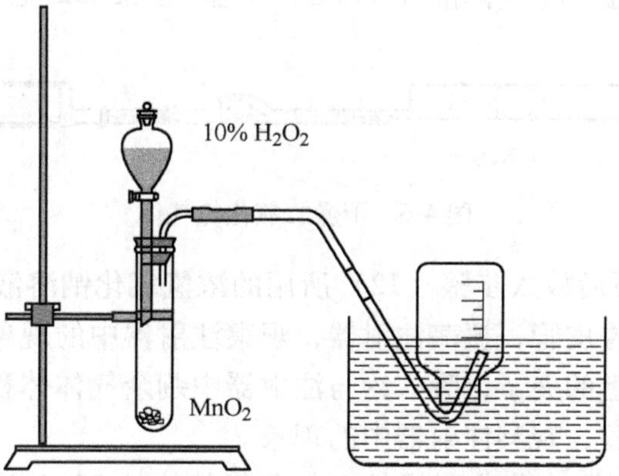

图4-5　氧气的制备

【实验步骤】

(1) 打开K_1和K_3，关闭K_2和K_4，点燃酒精灯A加热制备氨气。

（2）将湿润的红色石蕊试纸靠近止水夹 K_3，当试纸变蓝时，打开 K_2，关闭 K_1 和 K_3，打开 K_4，观察圆底烧瓶中的实验现象。

（3）步骤（2）结束后，点燃氨气还原氧化铜装置的酒精灯 B 加热，观察硬质试管中 CuO 粉末颜色变化情况。

（4）观察洗气瓶中溶液颜色变化情况，留存洗气瓶中的溶液，备用。

（5）当集气装置中有大量气体产生时，用排水集气法收集 1 集气瓶的气体，备用。

（6）步骤（5）结束后，将喷泉实验装置中的进气玻璃管连同橡皮管一起拔下，将橡皮管直接套在 50mL 注射器顶部，打开 K_1，关闭 K_2，缓缓抽动注射器活塞收集约 40mL 的氨气，备用。

（7）在进行步骤（6）操作的同时，打开氧气制备装置中分液漏斗活塞，将收集满氧气的集气瓶连同导气管置于实验台上；步骤（6）结束后，将氨气导气管置于集满氧气的集气瓶瓶口，点燃后伸入集气瓶中，观察集气瓶中现象；待集气瓶中充满红棕色气体时，打开 K_2，关闭 K_1，撤出导管，用毛玻璃片盖住集气瓶口。

（8）向充满红棕色气体的集气瓶中加入蒸馏水后振荡，观察实验现象。

（9）向形成的溶液中加入少量铜丝，观察实验现象。

（10）将点燃的镁条伸入步骤（5）中收集到气体的集气瓶中，观察实验现象。

（11）向步骤（4）洗气瓶中形成的红色溶液中逐滴加入稀盐酸，边加边振荡，观察溶液颜色变化。

（12）取约 0.32g 细铜丝，将其剪成约 0.5cm 长的小段后放入 100mL 注射器内细口的一端，再取长约 3cm 的细橡皮管紧套在注射器的细口处，吸入约 5mL 浓硝酸，用夹子夹住橡皮管，观察注射器中的现象；当注射器中的铜丝完全反应后打开夹子，将注射器里面的液体排到浓氢氧化钠溶液中；将橡皮管接在一个盛有氯化钙的干燥管上，微推注射器活塞，当干燥管里充满红棕色气体时，如图 4-6 所示，将带有橡皮管的 50mL 注射器接入干燥管的另一端，边推边拉，将气体推入 50mL 注射器中约 30mL 后，封住 50mL 注射器细口处，备用。

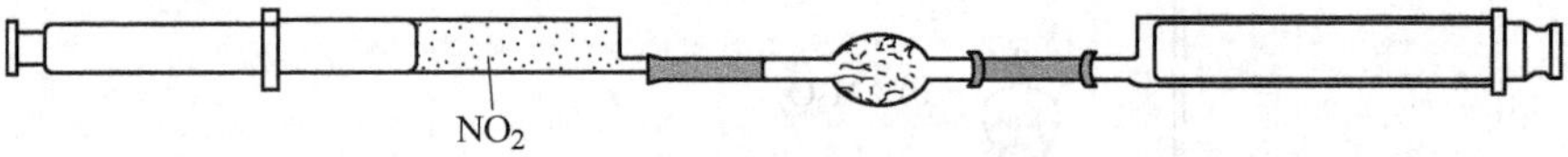

图 4-6　干燥二氧化氮气体

（13）将干燥管取下后放入步骤（12）所用的浓氢氧化钠溶液中，用 100mL 注射器吸入少量水后，迅速夹住橡皮管，振荡注射器，观察注射器中的现象和注射器中气体体积的变化情况；打开橡皮管上的夹子，吸入约与注射器中剩余气体体积相等的空气后，迅速夹住橡皮管，重复前述实验，观察注射器中的现象。

（14）推拉步骤（12）中收集干燥的二氧化氮气体的 50mL 注射器的活塞，观察气体颜色的变化；保持注射器活塞的位置不动，将注射器放入冰水中，观察气体颜色的变化。

（15）如图 4-7 所示，将盛装二氧化氮气体的注射器的橡皮管与步骤（6）中收集氨气的注射器相连，缓缓推动收集氨气的注射器活塞，将氨气推入盛有二氧化氮气体的注射器中，观察注射器中的现象；实验结束后将注射器中的气体缓缓推入步骤（12）中所用的浓氢氧化钠溶液中。

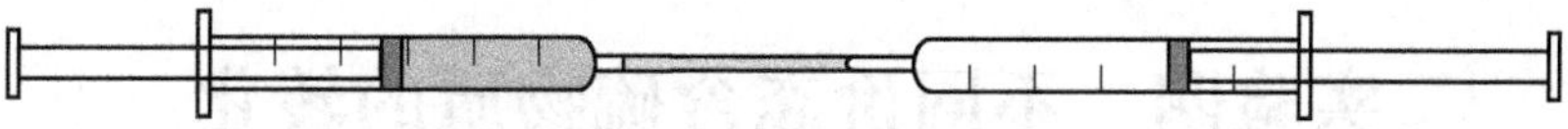

图 4-7　二氧化氮与氨气反应

【知识回顾】

依据上述实验回答下列问题：

1. 实验室常用加热氢氧化钙和氯化铵固体混合物的方法制取氨气，反应的化学方程式为________；步骤（2）中发生喷泉现象的原因是________，溶液颜色变红的原因是________，反应的化学方程式为________。

2. 步骤（3）的硬质试管中的实验现象是________，反应的化学方程式为________；反应尾气通入滴有酚酞的洗气瓶后观察到的现象为________，原因是________；经过洗气瓶洗气后的尾气的主要成分是工业合成氨气的主要成分之一，其分子式为____，工业合成氨的化学方程式为________。

3. 步骤（6）中用注射器收集氨气时是否需要验纯____（填写“是”或者“否”），其原因是________。

4. 步骤（7）中将氨气在氧气中燃烧的实验现象是________，反应的化学方程式为________和________；向充满红棕色气体的集气瓶加入蒸馏水，边加边振荡，观察到的现象是________，反应的化学方程式为________。

5. 步骤（9）中的溶液中放入铜丝观察的实验现象是________，反应的化学方程式为________和________。

6. 步骤（10）中观察到的实验现象是________，反应的化学方程式为________。

7. 步骤（11）中观察到溶液颜色变化的现象是________，原因是________，反应的化学方程式为________。

8. 步骤（12）中发生反应的化学方程式为________，由步骤（9）和步骤（12）可见，浓硝酸的氧化性____（填写“大于”或者“小于”）稀硝酸。

9. 步骤（13）中拔下胶头吸入空气后观察到的现象是________，反应的化学方程式为________；有红棕色气体生成后，封住注射器注射口摇晃注射器观察到的现象是________，反应的化学方程式为________。

10. 步骤（14）中推动活塞压缩注射器中的气体后，气体颜色________（填写“变深”或者“变浅”），其原因是________；拉动活塞使注射器中的气体体积变大后，气体颜色____（填写“变深”或者“变浅”），其原因是________；将注射器放入冰水中，气体颜色____（填写“变深”或者“变浅”），其原因是________。

11. 氮氧化物是汽车尾气中主要的大气污染物之一，用步骤（15）中的反应原理能够降低汽车尾气中氮氧化物的排放，该反应的化学方程式为________。

实验四　不同价态含硫物质的转化

【高考链接】

硫及其重要化合物性质的知识是高考重点考查的内容之一。H_2S、S、SO_2、SO_3、H_2SO_4的性质和用途以及不同价态含硫物质的转化等都是高考重点考查的内容。从近五年高考试题来看，涉及与硫及其重要化合物相关的试题主要包括 2013 年北京卷第 28 题 15 分、广东卷第 11 题 4 分、福建卷第 23 题 16 分，2014 年上海卷第 2 题 2 分、江苏卷第 20 题 14 分，2015 年福建卷第 8 题 15 分、安徽卷第 28 题 14 分、天津卷第 1 题 6 分，2016 年全国Ⅱ卷第 7 题 6 分、全国Ⅲ卷第 27 题 15 分、北京卷第 28 题 16 分、上海卷第 14 题 3 分，2017 年全国Ⅰ卷第 28 题 14 分、全国Ⅲ卷第 7 题 6 分、北京卷第 10 题 6 分、江苏卷第 1 题 2 分、天津卷第 10 题 14 分。

【实验目的】

《普通高中化学课程标准（2017 年版）》在“四、课程内容”的“（一）必修课程”中将“不同价态含硫物质的转化”列为“学生必做实验”，将“不同价态含硫物质的转化”“二氧化硫的性质”和“浓硫酸的性质”列为“实验及探究活动”的内容。硫元素既有氧化性又有还原性，既有氢化物又有氧化物，不同价态含硫物质之间在一定条件下可以发生转化，H_2S 和 SO_2在加热条件下能够生成硫单质和水。本实验从 H_2S 和 SO_2的制备入手，对硫及其重要化合物的性质进行探究，帮助学生掌握 H_2S、S、SO_2、SO_3、H_2SO_4的性质和用途以及不同价态含硫物质的转化等知识，形成硫及其重要化合物的知识体系。

【实验用品】

仪器：圆底烧瓶、具支试管、分液漏斗、大试管、集气瓶、具支试管、量筒（50mL）、量筒（10mL）、烧杯、带铁圈的铁架台、酒精灯等。

药品：硫化亚铁固体、亚硫酸钠固体、2mol/L 的浓硝酸、铜丝、0.1mol/L 的氢氧化钠溶液、2mol/L 的氢氧化钠溶液、0.1mol/L 的三氯化铁溶液、0.1mol/L 的硫酸铜溶液、品红溶液、溴水、酚酞试液、石蕊试液等。

【实验原理】

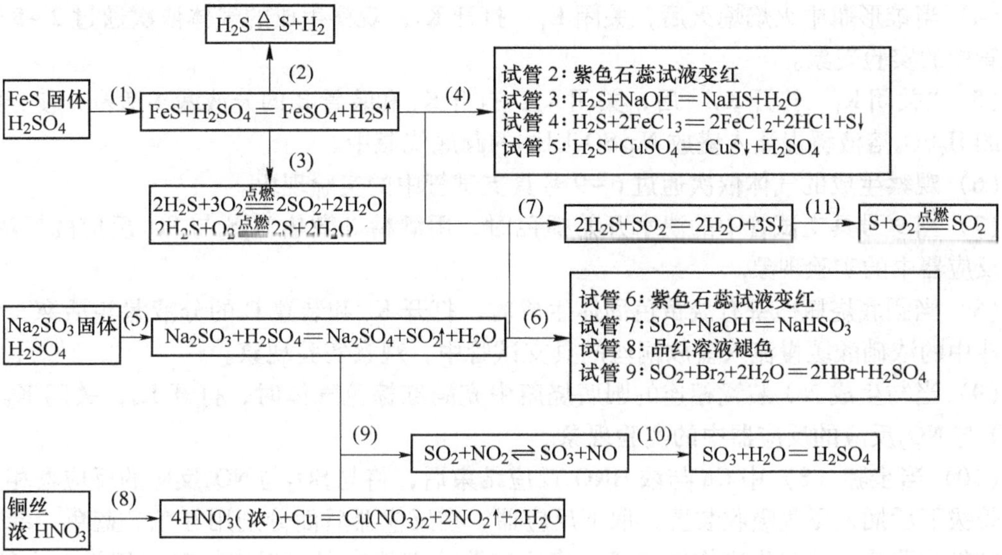

【实验装置】

安装如图 4-8 所示实验装置。向装置 A 的圆底烧瓶和分液漏斗中分别加入 5.3g FeS 固体和 30mL 2mol/L 的 H_2SO_4溶液，1 号具支试管为 H_2S 分解装置，再接 H_2S 燃烧装置和尾气吸收装置；2~5 号具支试管中分别盛装石蕊试液、5mL 0.1mol/L 的 NaOH 溶液并加入几滴酚酞、5mL 0.1mol/L 的 $FeCl_3$溶液和 5mL 0.1mol/L 的 $CuSO_4$溶液。向装置 B 的圆底烧瓶和分液漏斗中分别加入 7.6g Na_2SO_3 固体和 30mL 2mol/L 的 H_2SO_4，6~9 号具支试管中分别盛装约 5mL 石蕊试液、5mL 0.1mol/L 的 NaOH 溶液并加入几滴酚酞、5mL 品红溶液和 5mL 溴水。向装置 C 的具支试管和分液漏斗中分别加入 0.6g 铜片和 5mL 浓 HNO_3。

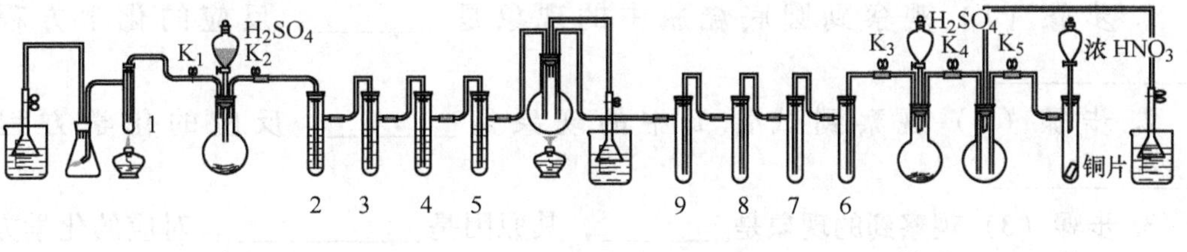

图 4-8　不同价态含硫物质的转化

【实验步骤】

(1) 关闭 K_2，打开 K_1 和装置 A 的分液漏斗活塞，使分液漏斗中的 H_2SO_4溶液缓慢流入盛放 FeS 固体的圆底烧瓶中。

(2) 用酒精灯微热 1 号具支试管，观察试管中的实验现象。

(3) 当具支试管中生成浅黄色固体时停止加热，将锥形瓶上的导气管连同橡胶塞一起拔出，在导气管尖嘴处点燃导气管中的气体，将导气管伸入锥形瓶中，塞紧橡胶塞，观察锥形瓶中的实验现象。

（4）当锥形瓶中火焰熄灭后，关闭 K_1，打开 K_2，观察生成的气体依次通过 2~5 号具支试管中的实验现象。

（5）"关闭 K_1，打开 K_2"后，关闭 K_4，打开 K_3 和装置 B 的分液漏斗活塞，使分液漏斗中的 H_2SO_4 溶液缓慢流入盛放 Na_2SO_3 固体的圆底烧瓶中。

（6）观察生成的气体依次通过 6~9 号具支试管中的实验现象。

（7）当 9 号具支试管中的溴水开始褪色时，用酒精灯微热 H_2S 与 SO_2 反应的反应器，观察反应器中的实验现象。

（8）当圆底烧瓶瓶壁有淡黄色固体生成时，打开 K_5 和装置 C 的分液漏斗活塞，使分液漏斗中的浓硝酸缓慢流入盛放铜丝的具支试管中，观察实验现象。

（9）当与生成 NO_2 装置相连的圆底烧瓶中充满红棕色气体时，打开 K_4，关闭 K_3，观察 SO_2 与 NO_2 反应的反应器中的实验现象。

（10）当步骤（8）中 Cu 与浓 HNO_3 反应结束后，将与 SO_2 与 NO_2 反应的反应器相连的导气管拔下后插入尾气吸收装置，取下反应器，在反应器后面分别用红色、蓝色、绿色和白色的纸作背景，观察生成物的颜色；将反应器分别放在温水浴中加热和酒精灯上微热，观察实验现象；待反应器冷却后向其中滴加水，用手触摸反应器感知温度的变化；当反应器中的晶体完全溶解后，向反应器中加入约 20mL 蒸馏水，再滴入几滴石蕊溶液，观察实验现象。

（11）用玻璃棒蘸取少许步骤（7）中圆底烧瓶瓶壁的淡黄色固体，在通风橱中用酒精灯点燃，观察实验现象。

【知识回顾】

依据上述实验回答下列问题：

1. 步骤（1）观察到圆底烧瓶中的现象是________，反应的化学方程式为____________。

2. 步骤（2）观察到试管 1 中的现象是________，反应的化学方程式为____________。

3. 步骤（3）观察到的现象是________，其原因是____________，对应的化学方程式为____________、____________、____________。

4. 步骤（4）观察到试管 2 中的现象是________，原因为____________，H_2S 一级电离方程式为____________；试管 3 中的现象是________，原因为____________，反应的离子方程式为____________；试管 4 中的现象是________，反应的离子方程式为________，该反应中的氧化剂和还原剂分别是________和________，氧化产物和还原产物分别是________和________，若反应过程中有 6mol 电子发生了转移，则会生成________ mol S 单质；试管 5 中的现象是________，反应的离子方程式为____________。

5. 步骤（5）中发生反应的化学方程式为____________。

6. 步骤（6）观察到试管 6 中的现象是________，原因为____________，H_2SO_3的电离方程式为____________、____________；试管 7 中的现象是________，原因为____________，反应的化学方程式为____________；试管 8 中的现象是________，原因是________；试管 9 中的现象是________，反应的化学方程式为____________，反应的氧化剂是____，若生成 1mol HBr 则反应中转移的电子数为____ mol。

7. 步骤（7）的圆底烧瓶中的现象是________，反应的化学方程式为____________。由步骤（6）和步骤（7）可见，SO_2既能与溴水反应，又能与H_2S气体反应，证明SO_2既有________又有________，其原因是SO_2中的 S 元素与 S 单质都处于____价态，既能发生________又能发生________。

8. 步骤（8）中，当分液漏斗中的浓硝酸缓慢流入盛放铜丝的具支试管中时，观察到具支试管中的现象是________，反应的化学方程式为____________；在该反应过程中，随着硝酸浓度的降低，会生成一种无色的氮氧化物，反应的化学方程式为____________。

9. 步骤（9）中，当向充满红棕色气体的圆底烧瓶中通入SO_2时，观察到圆底烧瓶中的现象是________，反应的化学方程式为________。

10. 步骤（10）中分别用红色、蓝色、绿色和白色的纸作背景，观察到所生成晶体的颜色为________，生成该晶体的化学反应方程式为____________，在工业生产中，通常使用适当的催化剂，用O_2将SO_2转化为SO_3，其反应的化学反应方程式为____________；将反应器分别放在温水浴中加热和酒精灯上慢慢加热，观察到的现象是________，由此可见，在室温下，SO_3是一种________的晶体；待反应器冷却后向其中滴加水，用手摸反应器能够感知到反应器的温度________，证明SO_3与H_2O反应是____（选填“吸热”或“放热”）反应，生成物能使石蕊试液变红，该反应的化学反应方程式为____________。

11. 步骤（11）中点燃步骤（7）中生成的淡黄色固体时，观察到的现象是________，反应的化学方程式为____________；反应结束后，可以用热的浓 NaOH 溶液清洗附有 S 单质的仪器，反应的化学反应方程式为____________，在该反应中 S 单质既是________又是________，发生了____反应。

实验五 氯水的性质及成分探究

【高考链接】

氯气及含氯化合物在日常生活、工农业生产中有广泛的应用，是高考考查的重要内容之一。高考考查本部分的试题一般是以氯及其重要化合物知识为载体，联系日常生活和生产，综合应用各种化学基本理论知识考查学生对氯气及含氯化合物等知识的掌握程度。从近五年高考试题来看，涉及与卤素及其重要化合物相关的试题主要包括 2013 年广东卷第 33 题 17 分，2014 年江苏卷第 5 题 2 分、江苏卷第 13 题 4 分、福建卷第 23 题 15 分，2015 年全国Ⅱ卷第 28 题 15 分、北京卷第 11 题 6 分、福建卷第 10 题 15 分，2016 年上海卷第 9 题 3 分、上海卷第 19 题 4 分，2017 年全国Ⅲ卷第 13 题 6 分、北京卷第 26 题 13 分、天津卷第 9 题 18 分。

【实验目的】

《普通高中化学课程标准（2017 年版）》在“四、课程内容”的“（一）必修课程”中将“氯气的制备及性质”和“氯水的性质及成分探究”列为“实验及探究活动”的内容。氯元素是典型的非金属元素，盐酸是一种强酸，次氯酸具有漂白性，氯能够从溴和碘的化合物中置换出溴和碘，溴能够从碘的化合物中置换出单质碘。本实验从氯气的制备入手，对氯及其重要化合物的性质以及溴和碘及其重要化合物的性质进行探究，帮助学生掌握氯气的制备及性质、氯水的性质及成分以及卤素间的置换反应等知识，形成卤素及其重要化合物知识体系。

【实验用品】

仪器：圆底烧瓶、分液漏斗、集气瓶、具支试管、水槽、一次性塑料注射器、橡胶管、止水夹、橡胶塞等。

药品：二氧化锰、浓盐酸、饱和食盐水、浓硫酸、pH 试纸、0. 1mol/L 的溴化钠溶液、0. 1mol/L 的碘化钠溶液、0. 1mol/L 的硫化钠溶液、5% 的硝酸银溶液、饱和氢氧化钙溶液、0. 5mol/L 的氢氧化钠溶液、酚酞试液、镁粉、金属钠、金属铁、金属铜等。

【实验原理】

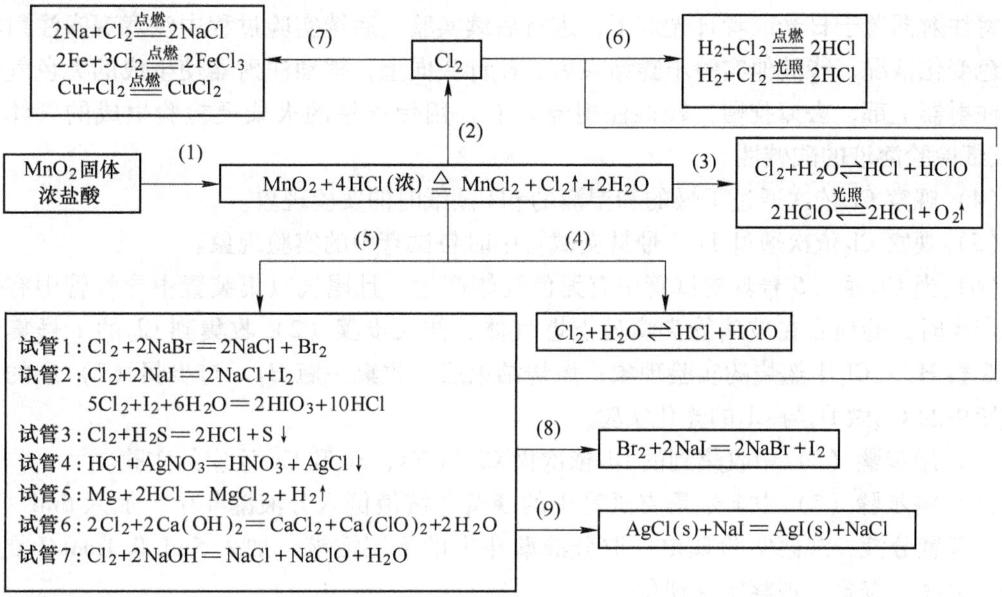

【实验装置】

安装如图 4-9 所示实验装置。在干燥的圆底烧瓶中加入 6g 二氧化锰固体，向分液漏斗中加入 50mL 浓盐酸，K_1 与分别盛装饱和食盐水和浓 H_2SO_4 的洗气装置相连，5 个集气瓶依次编号为 1~5 号，再接尾气处理装置；K_2 后接玻璃管（在玻璃管内的左边和右边分别放置干燥的和湿润的 pH 试纸），1~7 号具支试管中分别盛装约 5mL 0.1mol/L 的 NaBr 溶液、5mL 0.1mol/L 的 NaI 溶液、5mL 0.1mol/L Na_2S 溶液、5mL 5% 的 $AgNO_3$ 溶液、放置 0.12g 镁粉的 5mL 蒸馏水、5mL 饱和 $Ca(OH)_2$ 溶液和滴有 5 滴酚酞的 5mL 0.5mol/L NaOH 溶液，后接有尖嘴玻璃管的氢气收集装置。

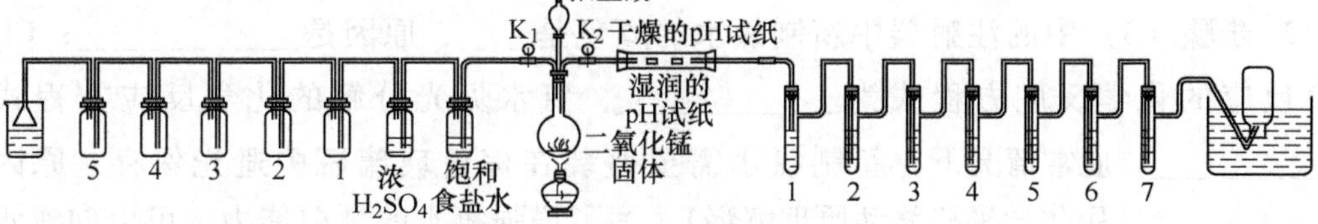

图 4-9 氯气的制取和性质检验

【实验步骤】

（1）关闭 K_2，打开 K_1 和分液漏斗活塞，使分液漏斗中的浓盐酸缓缓注入盛放 FeS 固体的圆底烧瓶中，用酒精灯微热。

（2）生成的气体依次用饱和食盐水和浓 H_2SO_4 洗气后，收集氯气，备用。

（3）当 5 号集气瓶中充满黄绿色气体时，用 50mL 的玻璃注射器从 1 号集气瓶中缓慢抽取 20mL Cl_2，关闭 K_1，打开 K_2，再抽取 10mL 蒸馏水，用胶帽封住针头，摇动注射器并将注射器的内芯来回抽动，使气液充分接触，待氯气几乎全部溶于水得到黄绿色的氯水后，将注射器置于日光或者日光灯下，进行后续实验。后续实验过程中注意观察注射器中的颜色变化情况，待其他实验步骤结束后，使针头向上，摇动注射器使生成的无色气体聚集在注射器上部，去掉胶帽，轻推注射器内芯，用带火星的火柴梗检验生成的气体，用 pH 试纸检验溶液的酸碱性。

（4）观察 Cl_2 依次通过干燥的和湿润的 pH 试纸时的实验现象。

（5）观察 Cl_2 依次通过 1~7 号具支试管中时各试管中的实验现象。

（6）当 Cl_2 通入 5 号具支试管中有无色气体产生，且尾气收集装置中导气管中有持续气流产生时，验纯后在玻璃管尖嘴处点燃气体，伸入步骤（2）收集到 Cl_2 的 1 号集气瓶中，观察 H_2 在 Cl_2 中燃烧的实验现象；燃烧结束后，收集一瓶 H_2，与步骤（2）中的 2 号集气瓶中的 Cl_2 做 H_2 与 Cl_2 的光化实验。

（7）用步骤（2）中收集到的 Cl_2 依次做 Cl_2 与 Na、Fe 和 Cu 反应的实验。

（8）将步骤（5）中 1 号具支试管中的淡黄色溶液倒入分液漏斗中，加入 5mL CCl_4，振荡，静置分液，观察实验现象；取分液漏斗中的下层溶液，加入 5mL 0.1mol/L 的 NaI 溶液，振荡，静置，观察实验现象。

（9）将 4 号具支试管经过光照除 Cl_2 和 HClO 后，向其中滴加 0.1mol/L 的 NaI 溶液，振荡，观察实验现象。

【知识回顾】

依据上述实验回答下列问题：

1. 步骤（1）中向盛放二氧化锰固体的具支试管中加入浓盐酸并加热时观察到的现象是__________，反应的化学方程式为__________；洗气装置中的饱和食盐水和浓 H_2SO_4 洗气除去的杂质依次为____和____，其原理是__________。

2. 步骤（3）中的注射器中新制氯水的颜色是____，原因是__________；Cl_2 与 H_2O 反应的化学反应方程式为__________，氯水见光分解的化学反应方程式为__________；通常情况下，新制氯水需要盛装在棕色玻璃瓶中避光保存，原因是__________（用化学平衡移动原理解释），为了增强氯水的漂白能力，可以向氯水中加入适量的________（选填“稀硫酸”或“碳酸钙粉末”），原因是__________。假如在步骤（3）中，用注射器吸入的 Cl_2 体积为 22.4mL（标准状况），经过 2 小时日光或日光灯照射得到 O_2 体积为 8.96mL（标准状况下，水中溶解的 O_2 忽略不计），则有____mL Cl_2 转化成了 Cl^-。

3. 步骤（4）中，当生成的气体通过玻璃管中干燥的 pH 试纸和润湿的 pH 试纸时观察到的现象是________，其原因是__________。

4. 步骤（5）中，试管 1 中的现象是________，反应的离子方程式为____________；试管 2 中的现象是________，若在该实验的反应中氯水最终将碘元素氧化为+5 价，则向 NaI 溶液中通入 Cl_2的过程中反应的化学方程式分别为________和____________；试管 3 中的现象是________，反应的化学方程式为____________；试管 4 中的现象是________，反应的离子方程式为________，将该试管光照除去 Cl_2和 HClO 后，若溶液中 $c(Cl^-)=3\times10^{-5}$ mol/L，则 $c(Ag^+)=$____ mol/L（已知：$K_{sp}(AgCl)=1.8\times10^{-10}$）。

5. 步骤（5）中，试管 5 中的现象是________，反应的离子方程式为____________，有同学提出，在该步实验过程中，新制氯水中的 HClO 具有较强的氧化性，也能与 Mg 反应，若存在该反应，则反应的离子方程式为____________，那么，实验过程中实际产生的氢气会比预期的要____。

6. 步骤（5）中，试管 6 中的现象是________，通入 Cl_2发生反应的化学方程式为____________，随着气体不断通入溶液颜色逐渐变黄的原因是____________；试管 7 中的现象是________，原因是____________。

7. 步骤（6）和步骤（7）中，Cl_2与 H_2、Na、Fe 和 Cu 反应的化学方程式依次为____________、____________、____________和____________。

8. 步骤（8）中经振荡、静置分液后，上层为____色溶液，下层为____色溶液，步骤（9）中经振荡、静置分液后，上层为____色溶液，下层为____色溶液。已知该步骤实验过程中存在如下平衡：

平衡 1：$Cl^- + Cl_2 \rightleftharpoons Cl_3^-$（$K_1=0.2$）

平衡 2：$Br^- + Br_2 \rightleftharpoons Br_3^-$（$K_2=18$）

平衡 3：$I^- + I_2 \rightleftharpoons I_3^-$（$K_3=720$）

由上述平衡和平衡常数可见，用 CCl_4萃取反应生成的 Br_2和 I_2之后，上层溶液颜色不同的原因是____________。

9. 由步骤（3）和步骤（8）可见，Cl_2能够从 NaBr、NaI、H_2S 中置换出 Br_2、I_2、S，Cl_2还能够把溶液中的 I_2氧化成 HIO_3，Br_2也能够从 NaI 中置换出 I_2，由此可见，同一主族的元素自上而下其氧化性依次____________，同一周期的元素自左向右氧化性依次____________。

10. 由步骤（9）可见，在有 AgCl 沉淀存在的溶液中加入 NaI 后，白色的 AgCl 沉淀可以转化为黄色的 AgI 沉淀，原因是____________（用化学平衡移动原理解释，已知：$K_{sp}(AgCl)=1.8\times10^{-10}$；$K_{sp}(AgI)=8.3\times10^{-17}$）。

实验六　乙醇、乙酸的主要性质

【高考链接】

迄今，从自然界发现的和人工合成的有机物已达几千万种，而且新的有机物仍在以每年近百万种的速度增加，生活中的有机物种类丰富，在衣、食、住、行多方面应用广泛。在高考中，除了在“必考题”部分对有机化合物基础知识进行考查外，还在“选考题”部分对有机物的合成、推断等进行综合考查。从近五年高考试题来看，全国命题课标卷除了在“选考题”部分有一道 15 分的“有机化学基础”外，在“必考题”部分还会以选择题或非选择题的形式对有机化学知识进行考查，自主命题卷中对有机化学进行考查的试题约占 20 分左右。由于试题较多，在此不再一一列举。

【实验目的】

《普通高中化学课程标准（2017 年版）》在“四、课程内容”的“（一）必修课程”中将“乙醇、乙酸的主要性质”列为“学生必做实验”，将“乙醇中碳、氢元素的检测”“固体酒精的制备”和“乙酸乙酯的制备”列为“实验及探究活动”的内容。碳在地壳中的质量分数只占 0.087%，但是它的化合物，尤其是有机化合物，不仅数量众多，而且分布极广。本实验从乙醇的主要性质入手，对乙醇、乙醛、乙酸、乙酸乙酯的性质及相关转化进行探究，帮助学生掌握乙醇、乙醛、乙酸、乙酸乙酯等物质的性质和转化规律，形成与乙醇、乙醛、乙酸、乙酸乙酯的性质及相关转化相关的知识体系。

【实验用品】

仪器：圆底烧瓶、蒸发皿、硬质玻璃管、具支试管、干燥管、集气瓶、小烧杯、大烧杯、铁架台、橡皮塞、小试管、大试管、火柴、滤纸、剪刀、量筒（10mL）、量筒（50mL）、橡皮管、玻璃导管等。

药品：无水乙醇、无水乙酸、浓氢溴酸、溴水、酸性高锰酸钾溶液、过氧化氢溶液、二氧化锰、金属钠、细铜丝、浓硫酸、0.1mol/L 的硫酸铜溶液、10% 的硝酸银溶液、0.1mol/L 的氢氧化钠溶液、0.1mol/L 的乙酸溶液、酚酞试液、石蕊试液、新制氢氧化铜溶液、新制银氨溶液、饱和碳酸氢钠溶液、0.1mol/L 的碳酸钠溶液、苯酚钠溶液等。

【实验原理】

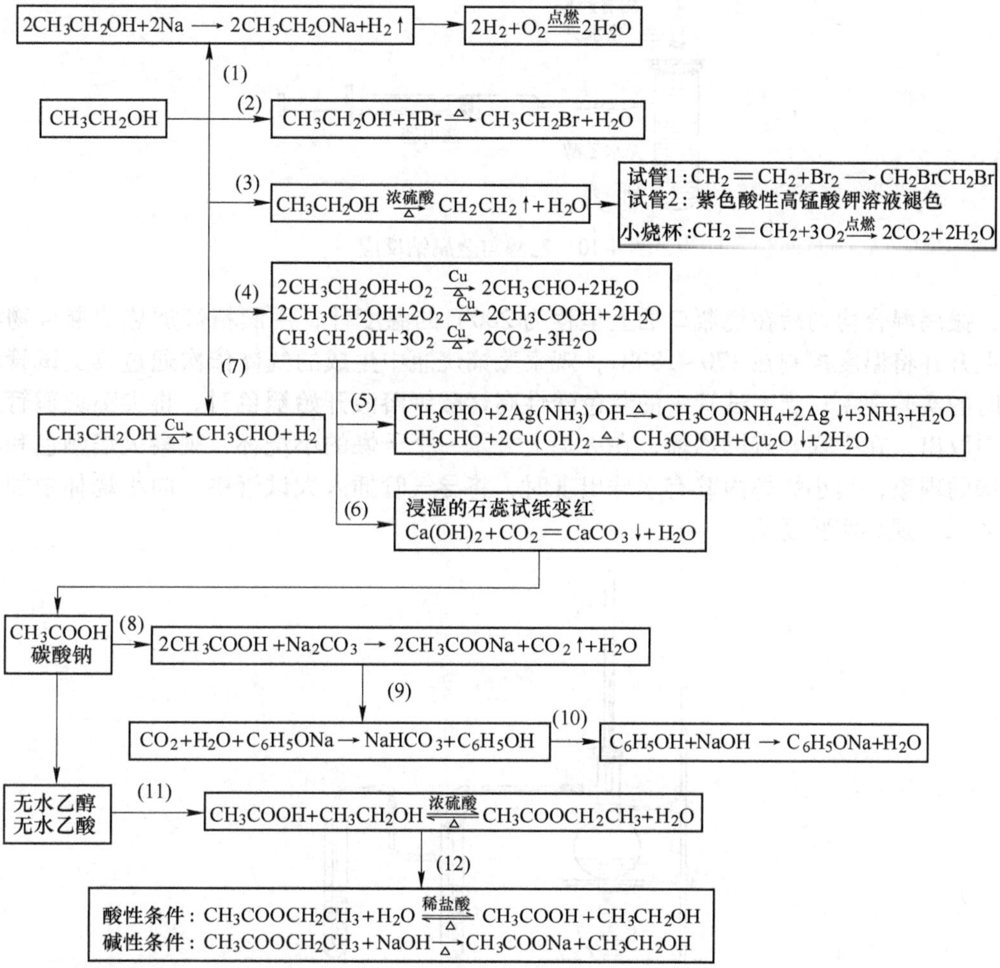

【实验步骤】

（1）安装如图4-10所示装置，向具支试管中加入5mL无水乙醇，注射器活塞推入针筒底部，取一块金属钠，用滤纸擦干表面煤油，用小刀切成几小块，取下橡胶塞，加入2~3小块钠，迅速塞上橡胶塞，打开止水夹，观察具支试管中的实验现象；实验过程中用手触摸具支试管感受温度的变化情况。当具支试管中产生大量气体时，验纯后关闭止水夹，用注射器针筒收集气体，待注射器针筒收集一定量气体后，打开止水夹，慢慢推动注射器活塞，同时点燃气体，把一干燥的小烧杯罩在火焰上，在烧杯壁上出现液滴后，迅速倒转烧杯，向烧杯中加入少量澄清石灰水，观察实验现象。待反应结束后，向具支试管中滴加酚酞，观察实验现象。

（2）向小试管中分别加入5mL浓氢溴酸和5mL无水乙醇，再滴入3~5滴石蕊试液，用酒精灯加热小试管，观察实验现象。

（3）安装如图4-11所示装置，具支试管和大试管中分别盛装10mL溴的四氯化碳溶液和酸性高锰酸钾溶液。在蒸馏烧瓶中加入两粒碎瓷片和5mL无水乙醇，缓慢加入15mL浓

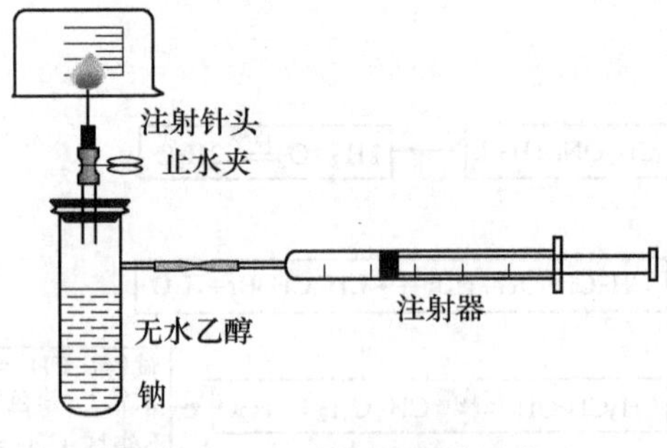

图 4-10　乙醇与金属钠反应

硫酸，振荡混合均匀后在烧瓶口插上里程为 200℃的温度计，用酒精灯加热使混合物温度迅速上升并将温度控制在 170~180℃，观察蒸馏烧瓶中生成的气体依次通过具支试管和大试管时的实验现象；当大试管中的紫色酸性高锰酸钾溶液开始褪色时，将尖嘴玻璃管从大试管中取出，在尖嘴处点燃乙烯，在火焰上方罩一个干燥的小烧杯，观察火焰颜色和小烧杯内壁的现象；当小烧杯内壁有水珠出现时，将导气管插入大试管中，向小烧杯中加入澄清石灰水，观察实验现象。

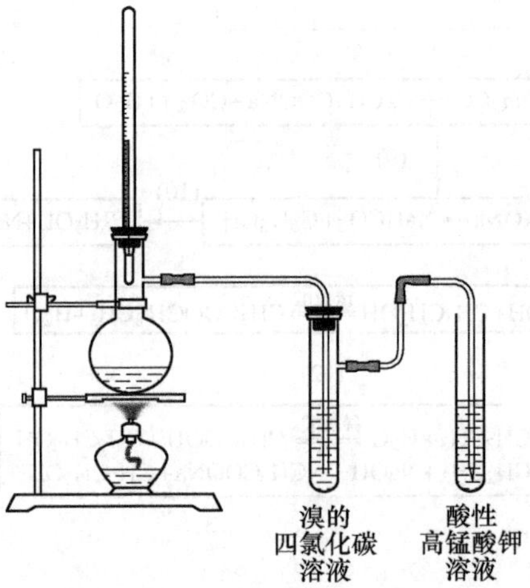

图 4-11　乙烯的制备和性质检验

（4）安装如图 4-12 所示装置，在 A 的试管中加入 30mL 无水乙醇；在 B 的试管中加入 0.5g MnO_2，分液漏斗中加入 10mL 10% 的 H_2O_2溶液，干燥管中装满碱石灰；在 C 的硬质玻璃管中加入绕成螺旋状的铜丝约 1g，干燥管中装满无水 $CuSO_4$粉末；在 D 的小试管中分别加入 5mL 新配制的银氨溶液和 5mL 新配制的氢氧化铜溶液并置于水浴中；E 的玻璃管中放置湿润的石蕊试纸，小试管中加入 5mL 饱和石灰水；F 的小试管中分别加入 5mL 新配制的银氨溶液和 5mL 新配制的氢氧化铜溶液并置于水浴中，后接盛装酸性高锰酸钾溶液的小烧杯作为尾气收集检验装置。打开 A 的开关，关闭 B 的开关，打开 K_1，关闭 K_2 和 K_3，点燃 A 的酒精灯加热至无水乙醇沸腾，点燃 C 和 D 处的酒精灯加热，至铜丝完全变红后，停止加热，关闭 A 的开关，打开 B 的开关，打开 B 处的分液漏斗活塞，控制 H_2O_2的滴速让其逐滴滴入试管中，产生连续不断的气泡，直到铜丝完全变黑；然后关闭 B 的开关、打开 A 的开关，继续加热到铜丝变亮；继续重复前两次的步骤，进行步骤（5）和步骤（6）。

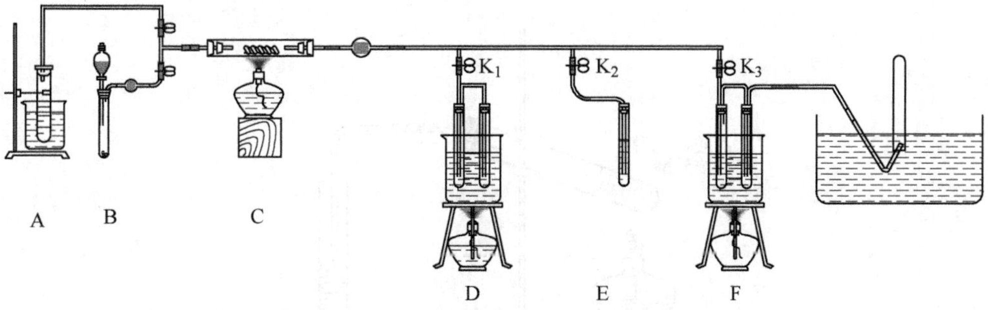

图 4-12　乙醇的催化氧化及产物成分探究

（5）观察生成的气体依次通过 D 装置中分别盛装新制银氨溶液和新制氢氧化铜溶液的小试管时的实验现象。

（6）当新制氢氧化铜溶液中出现红色沉淀时，打开 K_2，关闭 K_1，将生成的气体依次通过 E 装置中浸湿的石蕊试纸和饱和石灰，观察实验现象。

（7）当盛装饱和石灰水的小试管中出现白色沉淀时，关闭 B 的开关，打开 A 的开关，至铜丝完全变红后，打开 K_3，关闭 K_2，将生成的气体依次通过 F 装置中盛装新制银氨溶液和新制氢氧化铜溶液的小试管中，观察实验现象；当尾气收集装置中的导气管中有气体逸出时，用排水集气法在小试管中收集气体验纯，验纯后在玻璃管尖嘴处点燃气体并置于倒立的小烧杯中，观察实验现象。

（8）安装如图 4-13 所示装置，圆底烧瓶加入 2g 碳酸钠固体，分液漏斗中加入 20mL 乙酸，洗气装置中加入 10mL 饱和碳酸氢钠溶液，小试管中加入 5mL 苯酚钠溶液。打开分液漏斗，观察试管中的实验现象。

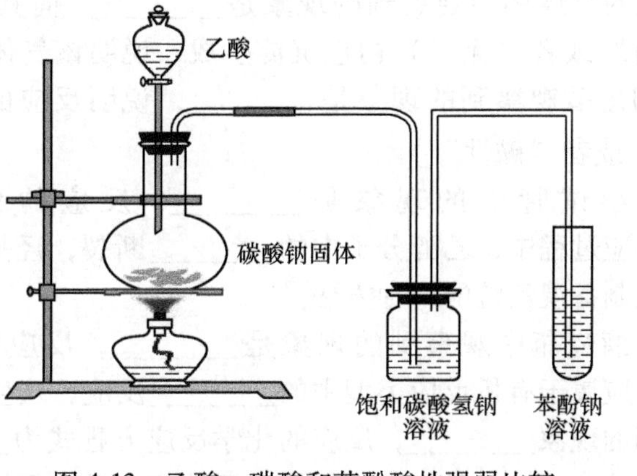

图 4-13　乙酸、碳酸和苯酚酸性强弱比较

（9）观察生成的气体经饱和碳酸氢钠溶液洗气后通入苯酚钠溶液时小试管中的实验现象。

（10）待盛装苯酚钠溶液的小试管中溶液变浑浊后，撤出导气管，向其中滴加氢氧化钠溶液，观察实验现象。

（11）安装如图 4-14 所示装置，在试管中加入 3mL 无水乙醇，然后边振荡边慢慢加入

2mL 浓硫酸和 2mL 无水乙酸，用酒精灯缓慢加热，将产生的蒸气经导管通到饱和碳酸钠溶液的液面上，观察实验现象。

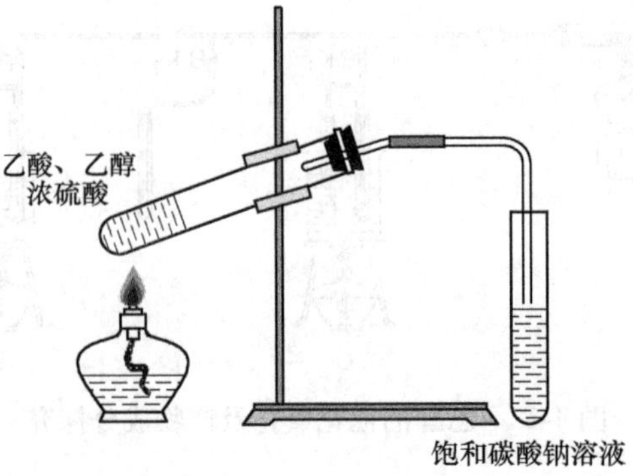

图 4-14　酯化反应

（12）当导管中不再有无色液体流出时，将小试管中的物质转入分液漏斗，静置、分液后，转动分液漏斗活塞使下层溶液流出，将上层油状物分别倒入两支小试管中，向两支小试管中平行滴加 0.1mol/L 稀盐酸和 0.1mol/L 氢氧化钠溶液，边加边振荡，观察两支小试管中的实验现象。

【知识回顾】

依据上述实验回答下列问题：

1. 在步骤（1）中向盛放无水乙醇的具支试管中加入金属钠后观察到的现象是________，金属钠沉入具支试管底部的原因是____________，反应的化学方程式为____________；干燥的小烧杯中观察到的现象是________，向其中加入澄清石灰水后________（填写“有”或者“无”）白色沉淀生成，说明该气体是____；向反应结束后的具支试管中滴加酚酞观察到的现象是________，说明反应的产物 CH_3CH_2ONa 显____（填写“酸性”或者“碱性”）。

2. 步骤（2）小试管中的现象是________，反应的化学反应方程式为____________，在反应过程中，乙醇分子中的________断裂，羟基被溴原子取代，发生________反应，这是制备溴乙烷的一种方法。

3. 步骤（3）蒸馏烧瓶中观察到的现象是________，反应的化学反应方程式为____________，此反应属于有机反应类型中的________反应；当生成的气体通过溴的四氯化碳溶液时观察到的现象________，反应的化学反应方程式为____________，此反应属于有机反应类型中的________反应；该气体之间的相互反应可以得到________，属于有机反应类型中的________反应；除了可以发生该类型的反应外，当生成的气体通过酸性高锰酸钾溶液时观察到的现象是，反应的化学反应方程式为____________，此反应属于有机反应类型中的________反应；在实验过程中将蒸馏烧瓶中反应的温度控制在 170℃非常关键，温度过低乙醇分子间发生脱水的化学反应方程式为____________，温度过高乙醇和浓硫酸发生氧化还原反应的方程式为________。

4. 步骤（4）的装置中，A为乙醇的________装置，B的干燥管中装满碱石灰的作用是________，C的干燥管中装满无水$CuSO_4$粉末的作用是________；当向C中通入O_2加热，铜丝变黑的原因是__________，反应的化学方程式为__________；停止通入氧气，通入乙醇后继续加热，铜丝变亮的原因是________，反应的化学方程式为__________；可见，铜在该反应中通过参与化学反应改变了化学反应的路径，从而同等程度地改变正、逆反应________，不改变平衡状态，是该反应的________，该反应总反应的化学方程式为__________；由步骤（4）可见，乙醇催化氧化能够转化为乙醛、乙酸等，而乙醛加氢还原也能够转化为乙醇，乙醛加氢还原为乙醇的化学方程式为__________。

5. 当生成的气体通过步骤（6）中浸湿的石蕊试纸时观察到的现象是________，原因是__________，生成该物质的两步反应的化学方程式为__________和__________；当生成的气体通入饱和石灰水时观察到的现象是________，可见，在铜做催化剂、加热的条件下，氧气除了能够把乙醇氧化成乙醛外，还会把乙醇氧化成________和________。

6. 步骤（7）中向放有铜丝的反应器C中只通入乙醇气体而不通入氧气的情况下，将反应后的气体依次通过新制银氨溶液和氢氧化铜溶液时，观察到的现象分别是________和________，反应的化学方程式分别为__________和__________；验纯后的气体点燃，倒立的小烧杯中有________形成，说明生成的气体是________，在该步实验中，不用洗气的原因是__________；可见，在铜做催化剂加热的条件下，乙醇还能够通过脱氢的方式生乙醛和氢气，反应的化学方程式为__________，说明有机反应具有________的特点。

7. 步骤（8）中圆底烧瓶中的现象是________，反应的化学方程式为__________；用饱和碳酸氢钠溶液洗气的原因是__________，洗气过程中发生反应的化学方程式为________；步骤（9）中生成的气体通入苯酚钠溶液时小试管中的现象是________，反应的化学方程式为__________，可见，CH_3COOH、H_2CO_3和C_6H_6OH的酸性强弱依次为____________；步骤（10）中向浑浊的溶液中滴加氢氧化钠时，观察到的现象是________，反应的化学方程式为__________。

8. 步骤（11）中收集反应产物的小试管中观察到的现象是________，生成该产物反应的方程式为__________，通过O^{18}标记可知，在该反应中，乙酸羧基上的________断裂，乙醇羟基上的________断裂，该反应属于有机反应类型中的______反应；像这种决定有机化合物的化学特性的原子或者原子团叫做官能团，烯烃和炔烃分子中的________和________也是官能团；选用饱和碳酸钠溶液收集生成的产物的原因是__________；加热时需注意温度不能过高，如温度达到140℃则会发生__________（用方程式表示），如温度达到170℃则会发生__________（用方程式表示），温度继续升高则还会发生浓硫酸与其他两种反应物的氧化还原反应。

9. 步骤（12）中向盛装油状物的两支小试管中平行滴加稀盐酸和氢氧化钠溶液，观察到两支小试管中的现象是________，原因是__________，对应的反应的化学反应方程式分别为__________和__________。

参 考 文 献

[1] 王磊，陈光巨．普通高中课程标准实验教科书·化学 1 必修 [M]. 济南：山东科技出版社，2005.
[2] 李广洲，陆真．化学教学论实验 [M]. 北京：科学出版社，1999.
[3] 王磊．科学学习与教学心理学基础 [M]. 西安：陕西师范大学出版社，2002.
[4] 毕华林．义务教育课程标准实验教科书·化学（九年级上册）[M]. 济南：山东教育出版社．
[5] 课程教材研究所　化学课程教材研究开发中心．义务教育课程标准实验教科书·化学（九年级上册）[M]. 北京：人民教育出版社，2006.
[6] 王磊，陈光巨，潘鸿章．普通高中课程标准实验教科书·化学与生活 [M]. 济南：山东科学技术出版社，2007.
[7] 宋心琦．普通高中课程标准实验教科书·化学 2 必修 [M]. 北京：人民教育出版社，2007.
[8] 杨先昌，等．化学实验学 [M]. 南昌：江西教育出版社，1992.
[9] 北京师范大学，等．无机化学（第四版）[M]. 北京：高等教育出版社，2003.
[10] 北京师范大学无机化学教研室，等．无机化学实验 [M]. 北京：高等教育出版社，2001.
[11] 吴俊明．中学化学实验教学研究导论 [M]. 南京：江苏教育出版社，1997.
[12] 中华人民共和国教育部．义务教育化学课程标准（2011 年版）[S]. 北京：北京师范大学出版社，2011.
[13] 华南师范大学有机化学教研室，等．有机化学实验 [M]. 北京：高等教育出版社，1997.
[14] 刘正贤．中学化学实验大全（上、下）[M]. 北京：高等教育出版社，1994.
[15] 文庆城．化学实验教学研究 [M]. 北京：高等教育出版社，2003.
[16] 胡满成，等．化学基础实验 [M]. 北京：高等教育出版社，2001.
[17] 武汉大学，等．分析化学（第四版）[M]. 北京：高等教育出版社，2004.
[18] 江苏省教委教研室．中学化学实验改革与创新 [M]. 南京：南京师范大学出版社，2000.
[19] 范杰，等．化学实验论 [M]. 太原：山西科学技术出版社，2001.
[20] 武汉大学，等．无机化学 [M]. 北京：高等教育出版社，1994.
[21] 大连理工大学无机化学教研室．无机化学（第三版）[M]. 北京：高等教育出版社，1990.
[22] 严宣申，王长富．普通无机化学（第二版）[M]. 北京：北京大学出版社，1999.
[23] 周公度，段连运．结构和性质（第二版）[M]. 北京：高等教育出版社，2000.
[24] 姚军，迟戈夫，郝荣．阿佛加德罗常数测定实验微型化 [J]. 内蒙古民族大学学报，2009(4)：113~116.
[25] 郑晓红，李莉．简易氢氧燃料电池的制作及演示 [J]. 教学仪器与实验，2006(3)：42~43.
[26] 戴坤旭．高中化学微型实验与探究式实验的研究 [J]. 中学教学参考，2011(2)：85~86.
[27] 张乐台．实验室制取乙烯实验的几点注释 [J]. 实验教学与仪器，2001(9)：13.
[28] 乔金锁，张爱华，赵欣婷．用碳酸饮料验证二氧化碳性质的教学设计 [J]. 化学教育，2012(10)：42~44.
[29] 唐力．化学探究式教学过程建构性特征的研究 [J]. 课程·教材·教法，2002(3)：54~58.
[30] 毕吉利，等．酸碱滴定过程中酚酞变色点影响因素的分析 [J]. 通化师范学院学报，2013(4)：25~26，50.
[31] 高霞，吴晓红．中学化学教学中计量仪器读数误差分析 [J]. 中国现代教育装备，2013(4)：74~75.
[32] 杨文远，毕吉利，周亚菲．运用手持技术验证酸碱滴定过程中电导率的变化 [J]．教育教学论坛，2013(26)：93~94.
[33] 刘怀乐．关于吸热反应实验的研究 [J]. 化学教学，2002(5)：12~13.

[34] 孙根班，等．模拟工业制碱法的微型化实验设计［J］．实验技术与管理，2015(8)：40~44.
[35] 张林．不容忽视的考点——侯氏制碱法［J］．数理化学习，2015(2)：39.
[36] 马薇，陈亚争．对“验证提取海带中的碘元素”实验的改进与创新［J］．化学教育，2017(3)：55~58.
[37] 孙涛．家庭实验巧测碘［J］．中学化学教学参考，2010(7)：55.
[38] GB 5009. 34—2016 食品安全国家标准食品中二氧化硫的测定［S］.
[39] GB 2760—2014 食品安全国家标准　食品添加剂使用标准［S］.
[40] 李岩，时华捷．葡萄酒中总二氧化硫含量测定方法的研究［J］．吉林农业，2015(5)：81.
[41] 高畅，等．葡萄糖酸钙的制备工艺研究［J］．锦州医科大学学报，2018(1)：15~17.
[42] 陈长宝，等．“葡萄糖酸钙的合成实验”的改进［J］．广东化工，2017(12)：49~50.
[43] 王也，裘国丽，黄华．络合滴定法测定葡萄糖酸钙含量的不确定度评定［J］．海峡药学，2011(11)：54~57.
[44] 吴晓红，任斌，徐建菊．探究水泥负载二氧化锰催化分解过氧化氢的最佳条件［J］．化学教育，2017(7)：74~76.
[45] 叶淑仪．钠在氯气中燃烧实验的改进［J］．教学仪器与实验，2007(6)：18.
[46] 王美志．制乙炔的实验改进［J］．化学教育，2010(10)：80~82.
[47] 林敏．铝热反应实验的改进［J］．化学教学，2009(7)：13.
[48] 杨厚玲，徐金娣．测定硝酸钾在水中溶解度的实验改进［J］．化学教学，1996(9)：12.
[49] 陈达，庄华清．电解饱和食盐水实验的新改进［J］．化学教学，2012(11)：49~50.
[50] 刘影，张勇，马双．原电池实验改进［J］．教学仪器与实验，2012(4)：14~15.
[51] 李俊生．$NaHCO_3$和Na_2CO_3热稳定性对比实验的设计［J］．化学教学，1997(1)：12.
[52] 朱心齐．比较$NaHCO_3$、Na_2CO_3与酸反应的实验研究［J］．化学教育，2002(11)：36.
[53] 黎茂坚．用$MgCl_2$能鉴别Na_2CO_3和$NaHCO_3$［J］．化学教学，2004(7~8)：95.
[54] 王聂海．有关Na_2CO_3和$NaHCO_3$溶液鉴别的实验探究［J］．化学教学，2012(2)：51~52.
[55] 燕永华．纯净的二氧化氮气体的制备方法［J］．化学教学，1998(9)：17.
[56] 华国兰．硫化氢性质实验装置设计［J］．甘肃教育，2001(7~8)：89.
[57] 赵徐声．《硫化氢的制取和性质》实验的改进［J］．江苏教育，1979(7)：30.
[58] 林学洁．硫化氢受热分解实验的改进［J］．化学教学，1989(2)：27.
[59] 叶茂康．硫、硫化氢、二氧化硫性质变化组合实验［J］．化学教学，1991(5)：11，29.
[60] 金学斌，张以航．制备三氧化硫的演示实验［J］．化学教学，2001(12)：9.
[61] 许绍彭，杜崇水．氯水光照分解实验的改进［J］．化学教学，1995(4)：11.
[62] 刘潇珂，刘香．基于手持技术的“氯水成分”探究实验的研究和启示［J］．中学化学教学参考，2014(13)：38~40.
[63] 周昌林，王丹．对乙醇两个性质实验的改进［J］．教学仪器与实验，2015(5)：42~43.
[64] 程少军．乙醇与金属钠反应实验的新设计［J］．中学化学教学参考，2017(11)：57.
[65] 伏劲松，等．基于催化剂、有机氧化反应概念建构的乙醇氧化实验改进［J］．化学教学，2017(1)：65~67.
[66] 潘虹，等．乙醇氧化反应实验的再认识［J］．化学教学，2016(5)：58~60.